here

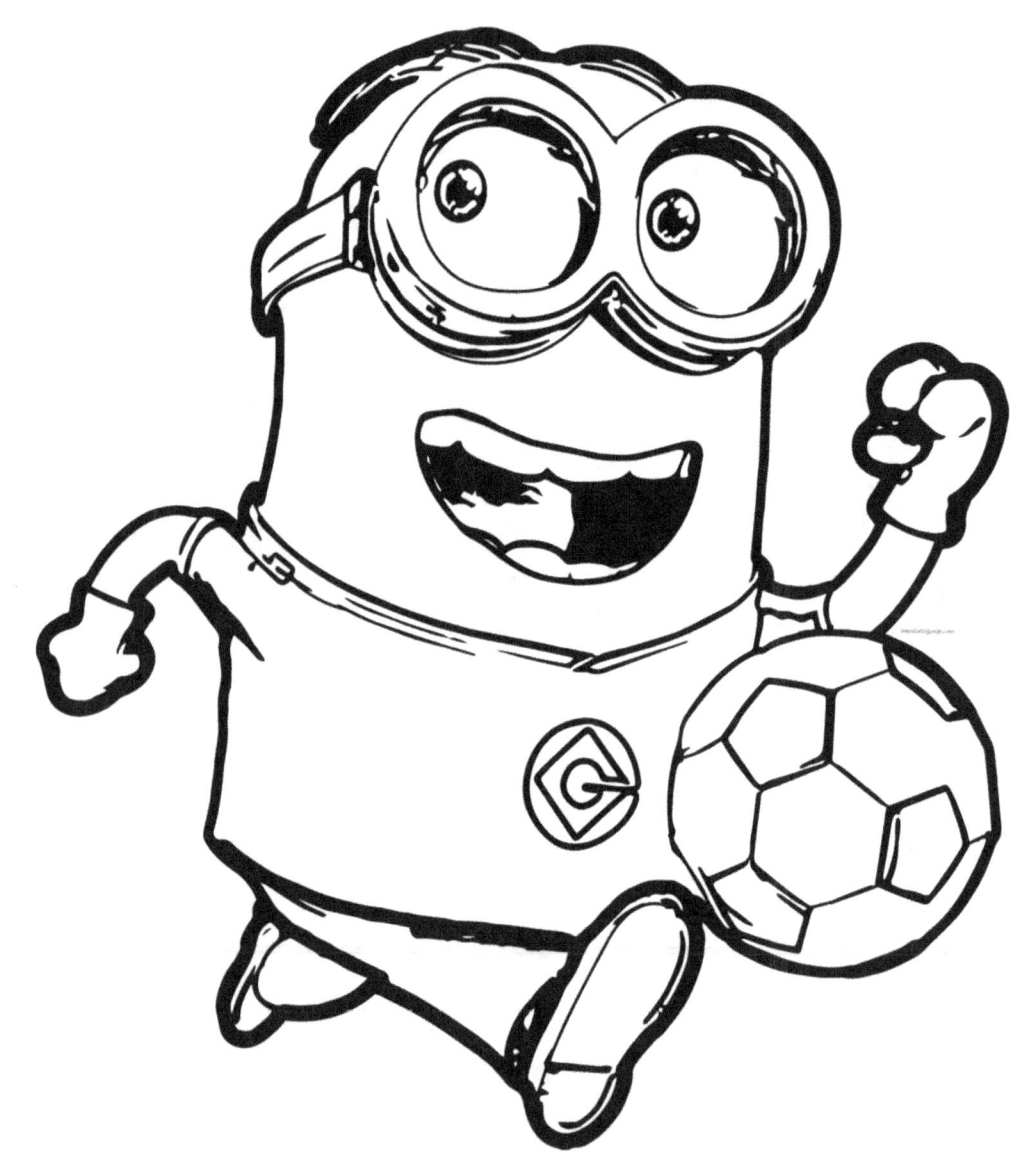

here

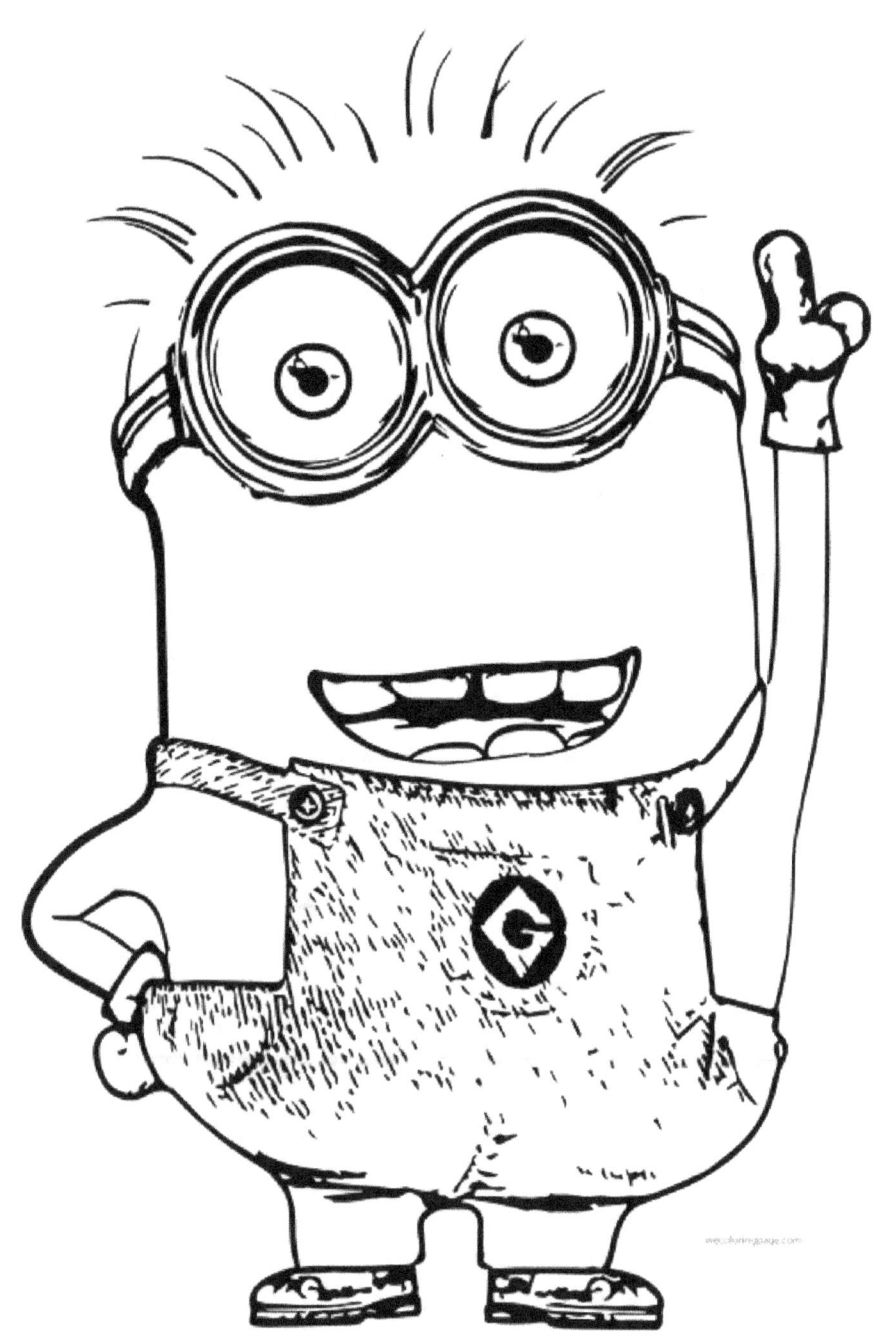

here

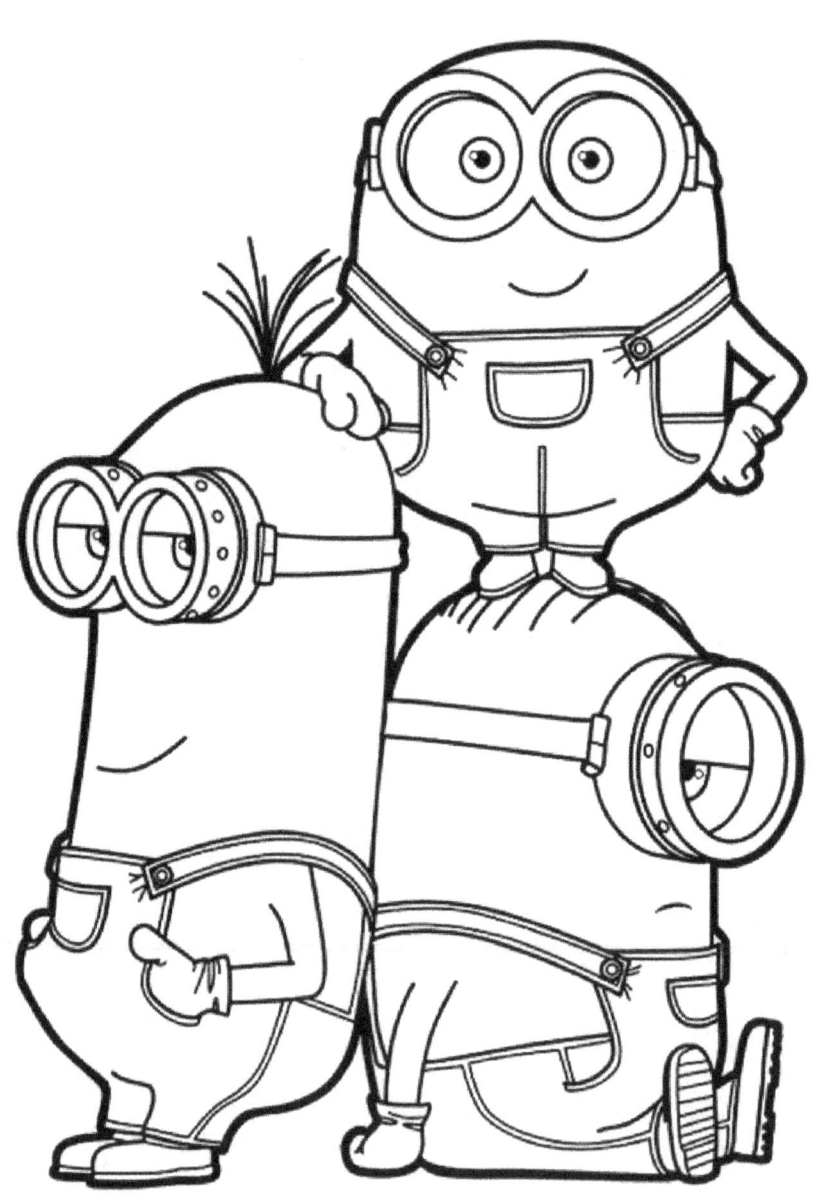

here

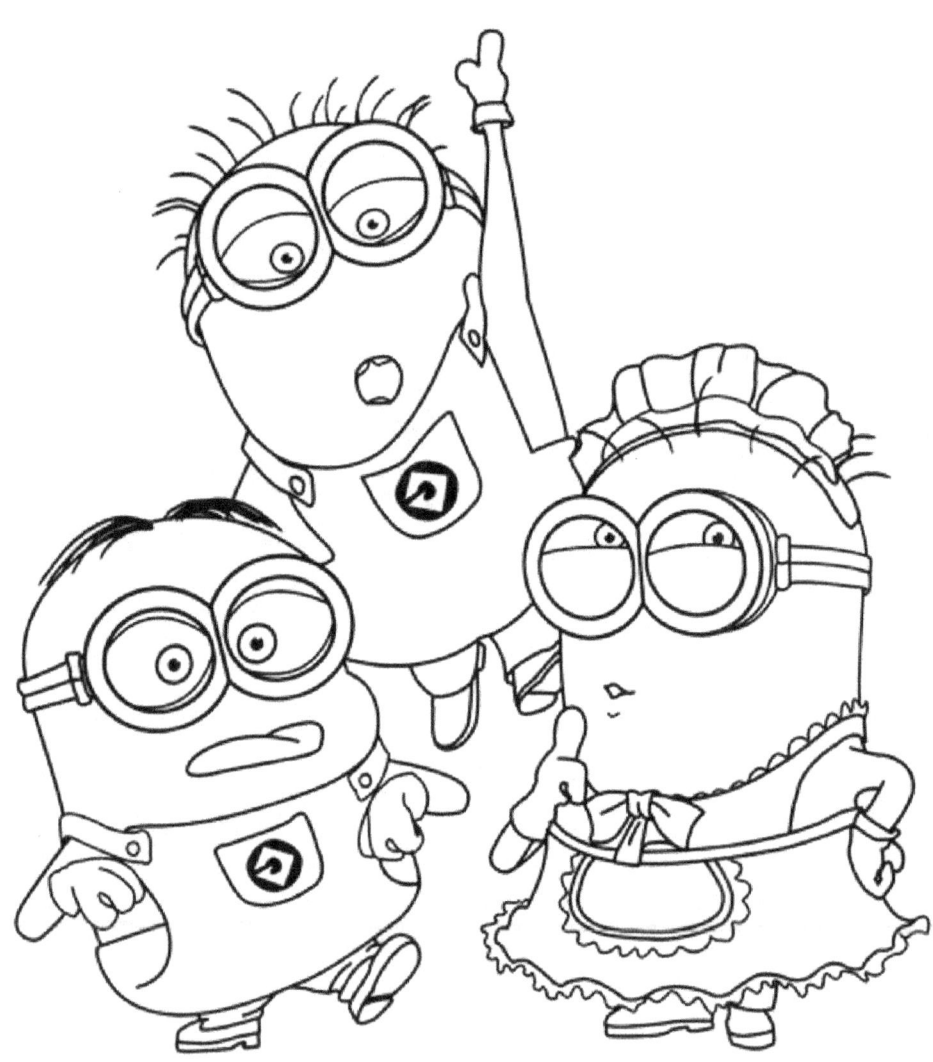

here

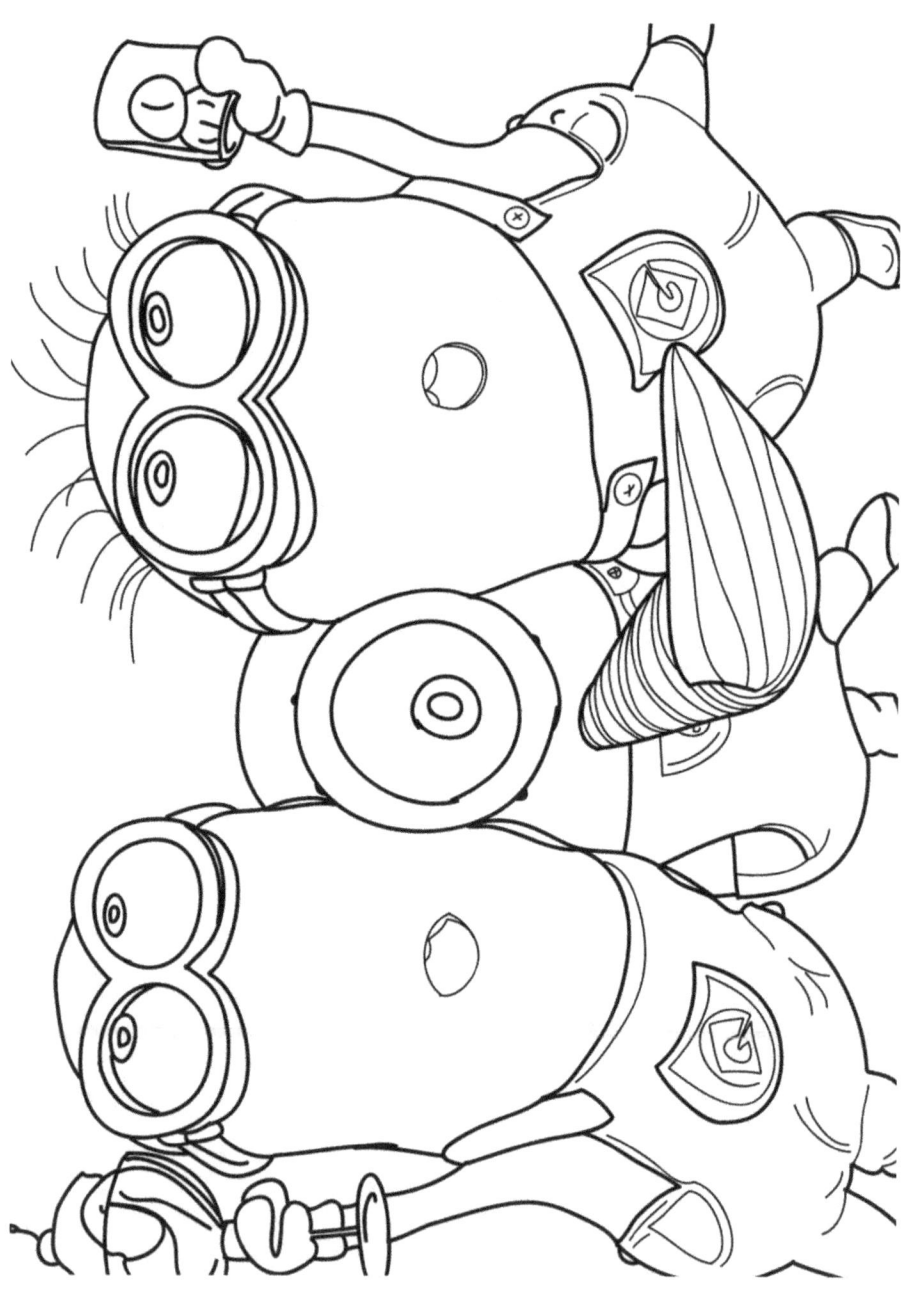

here

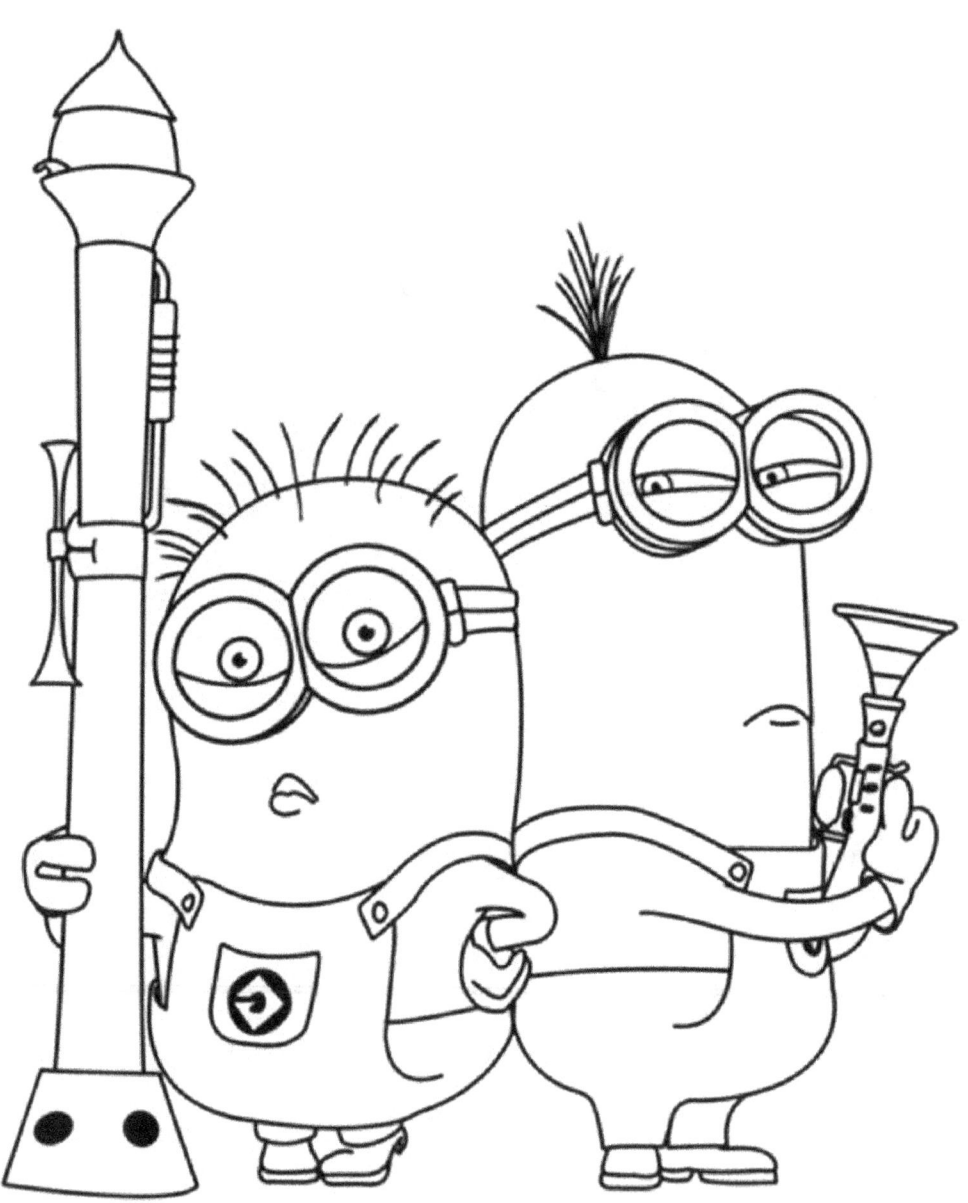

here

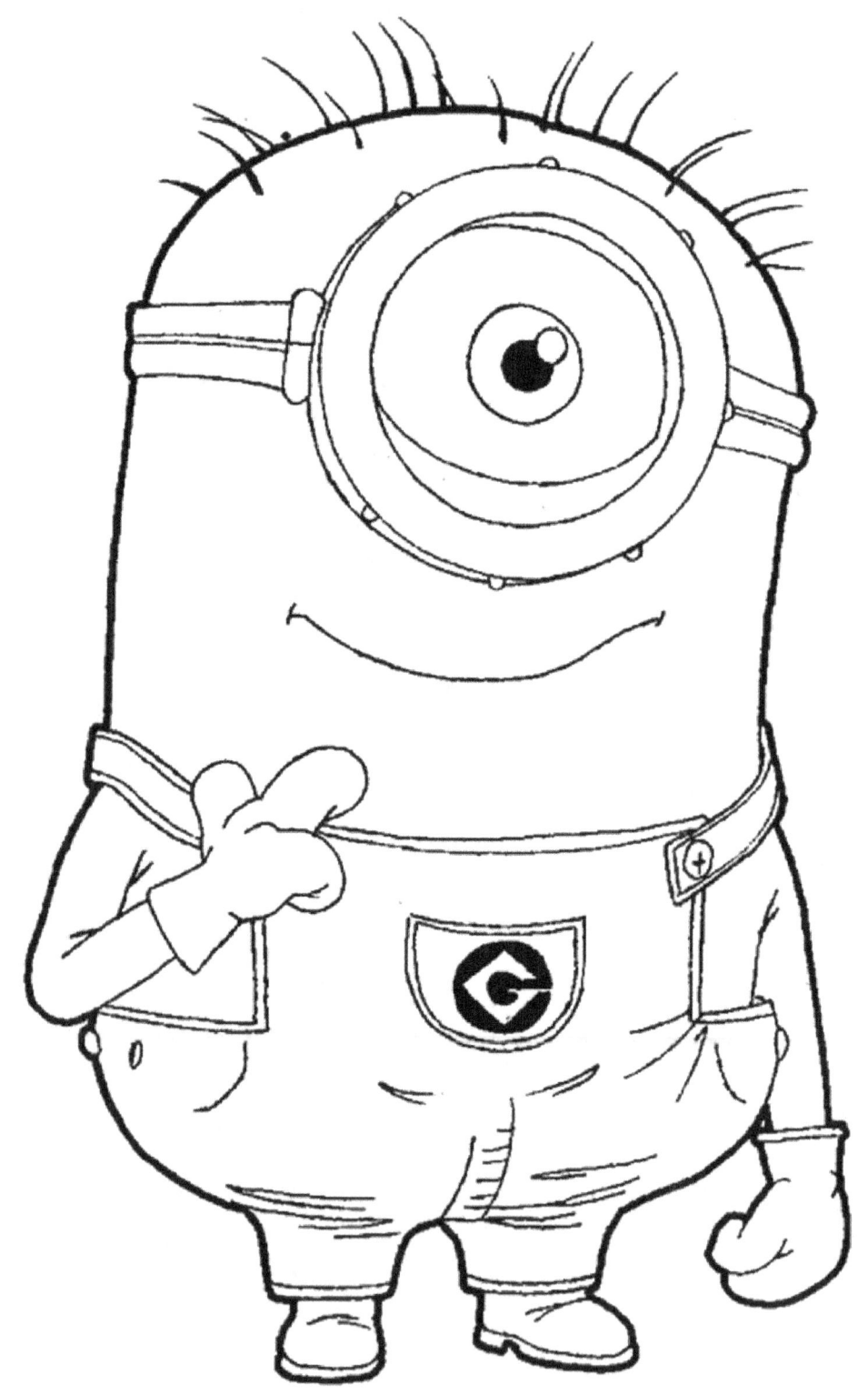

here

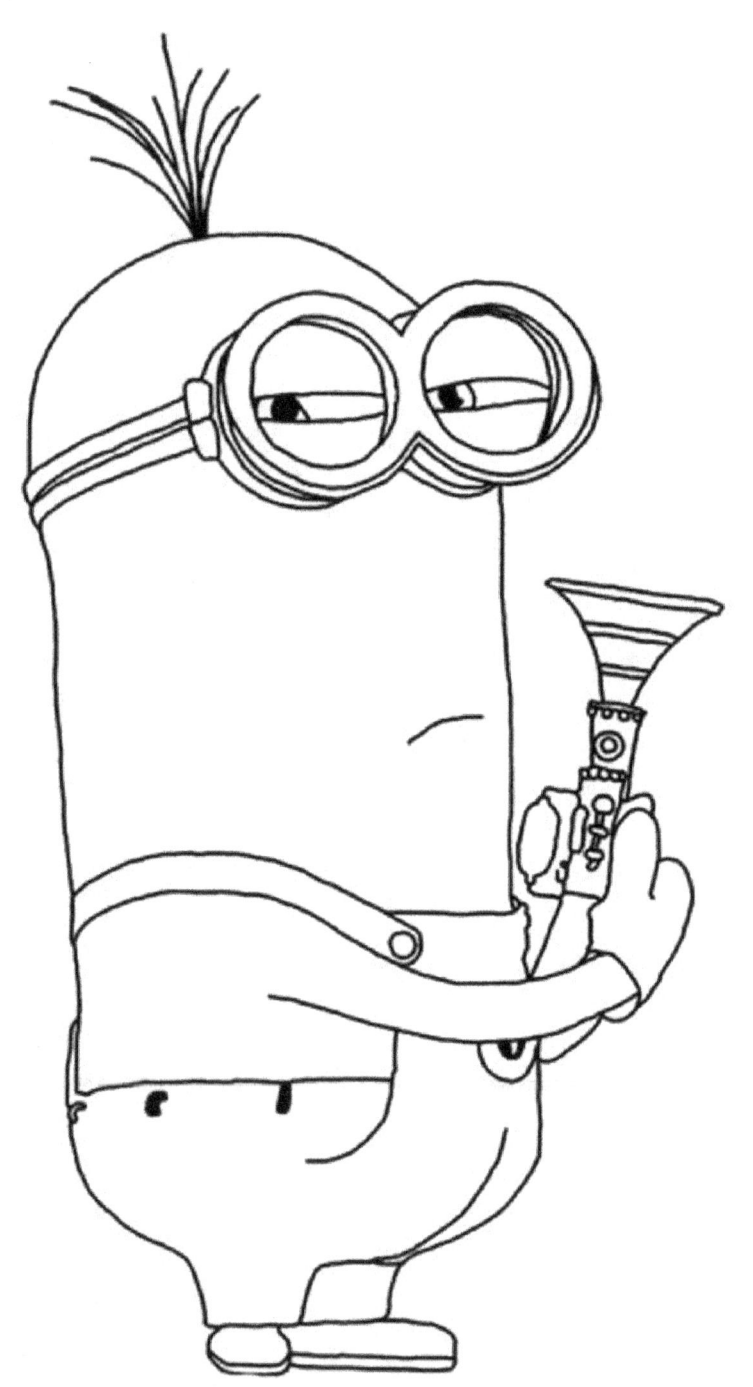

here

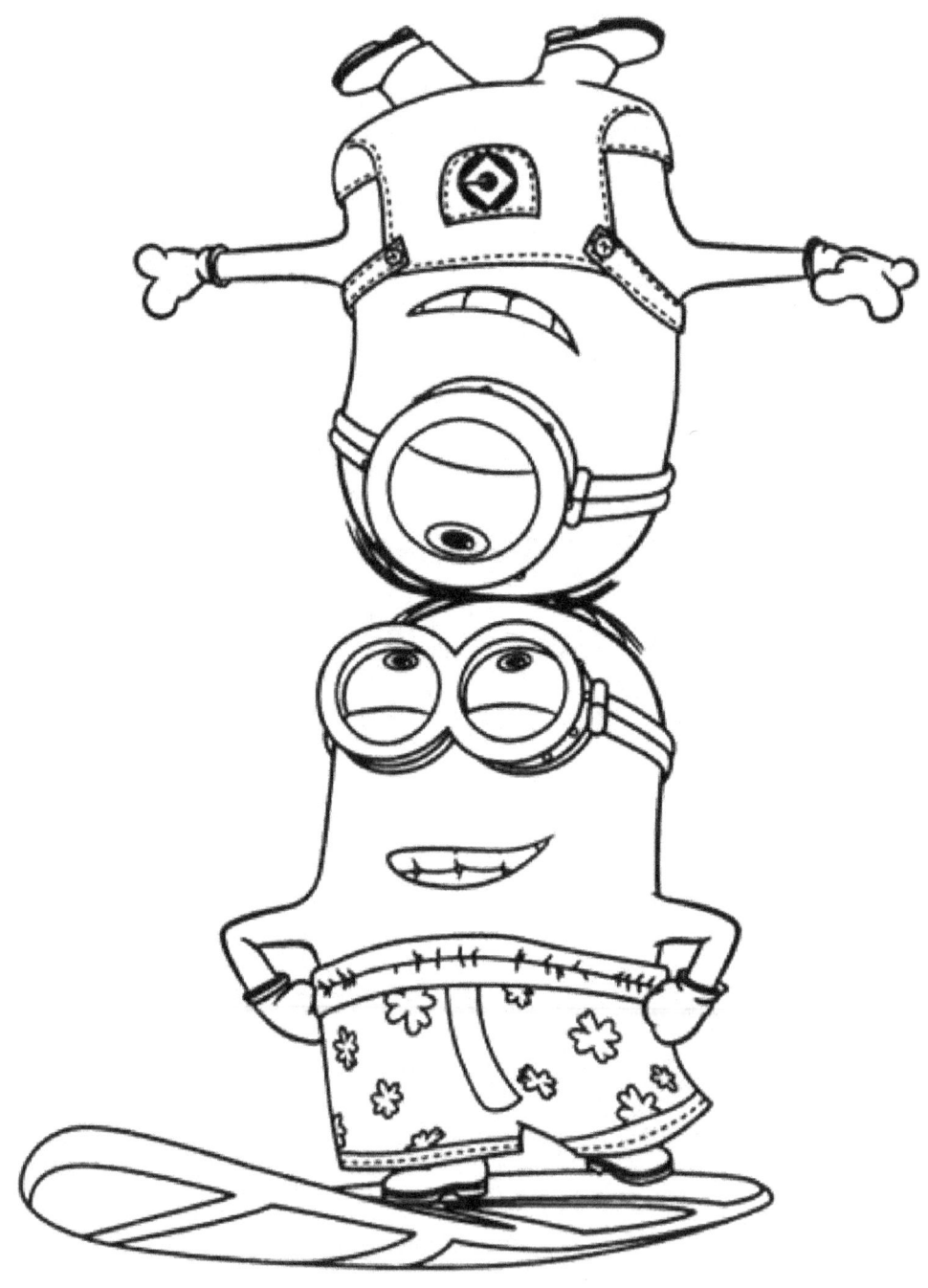

here

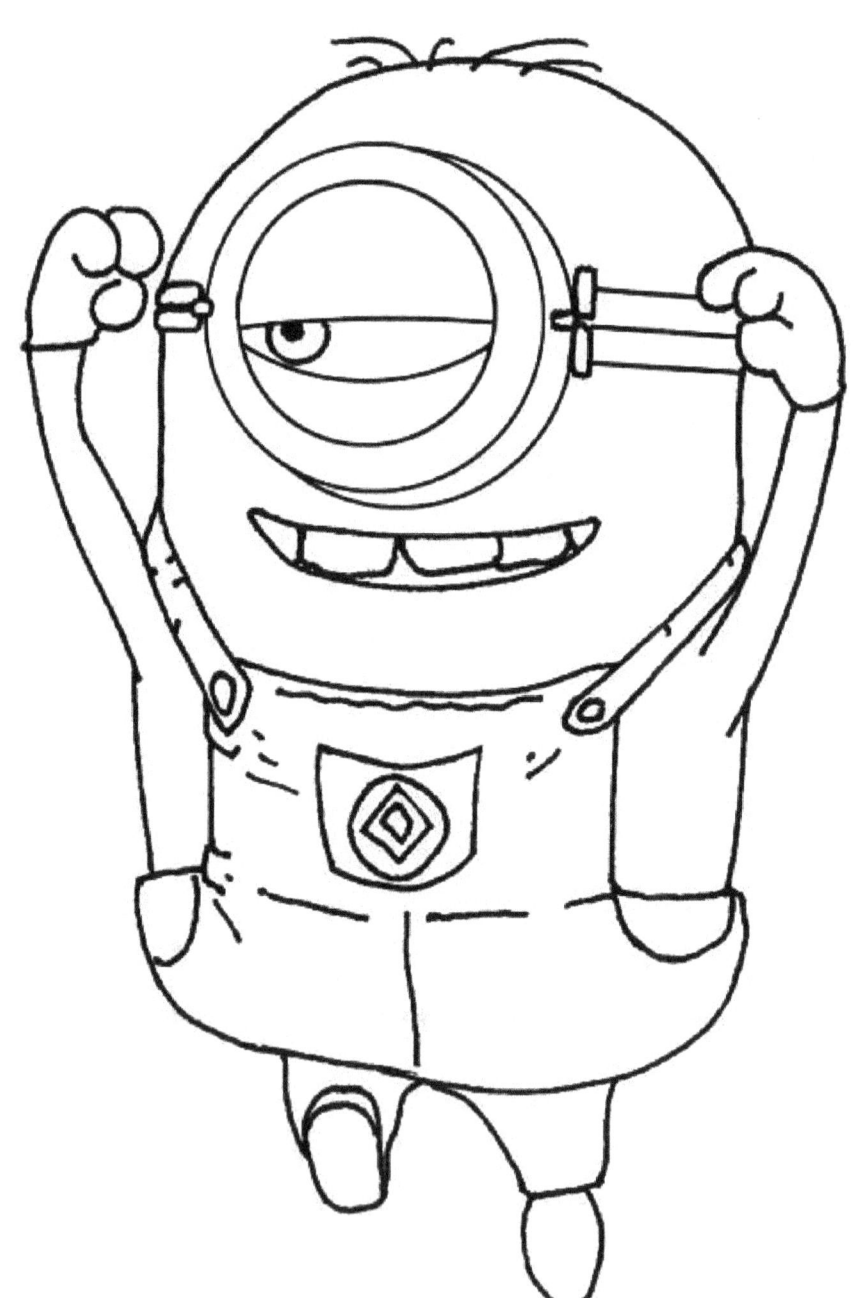

here

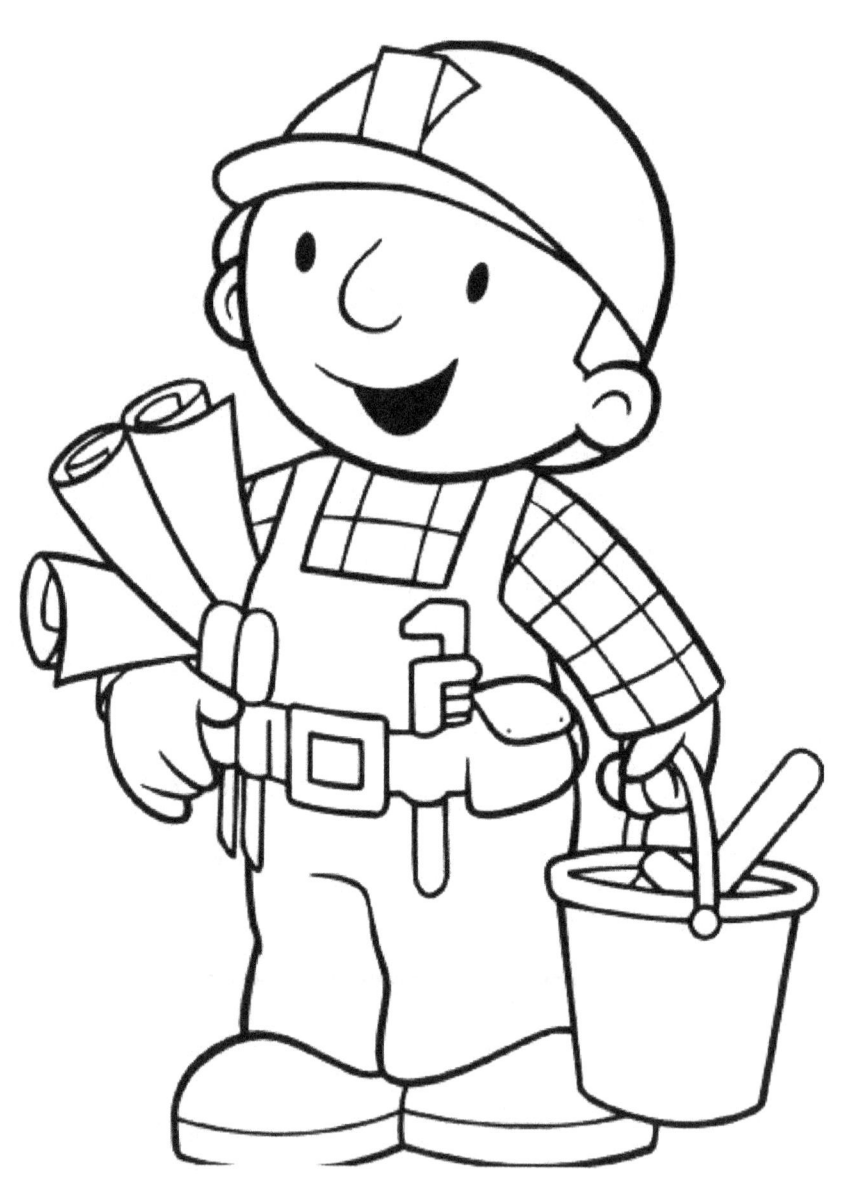

here

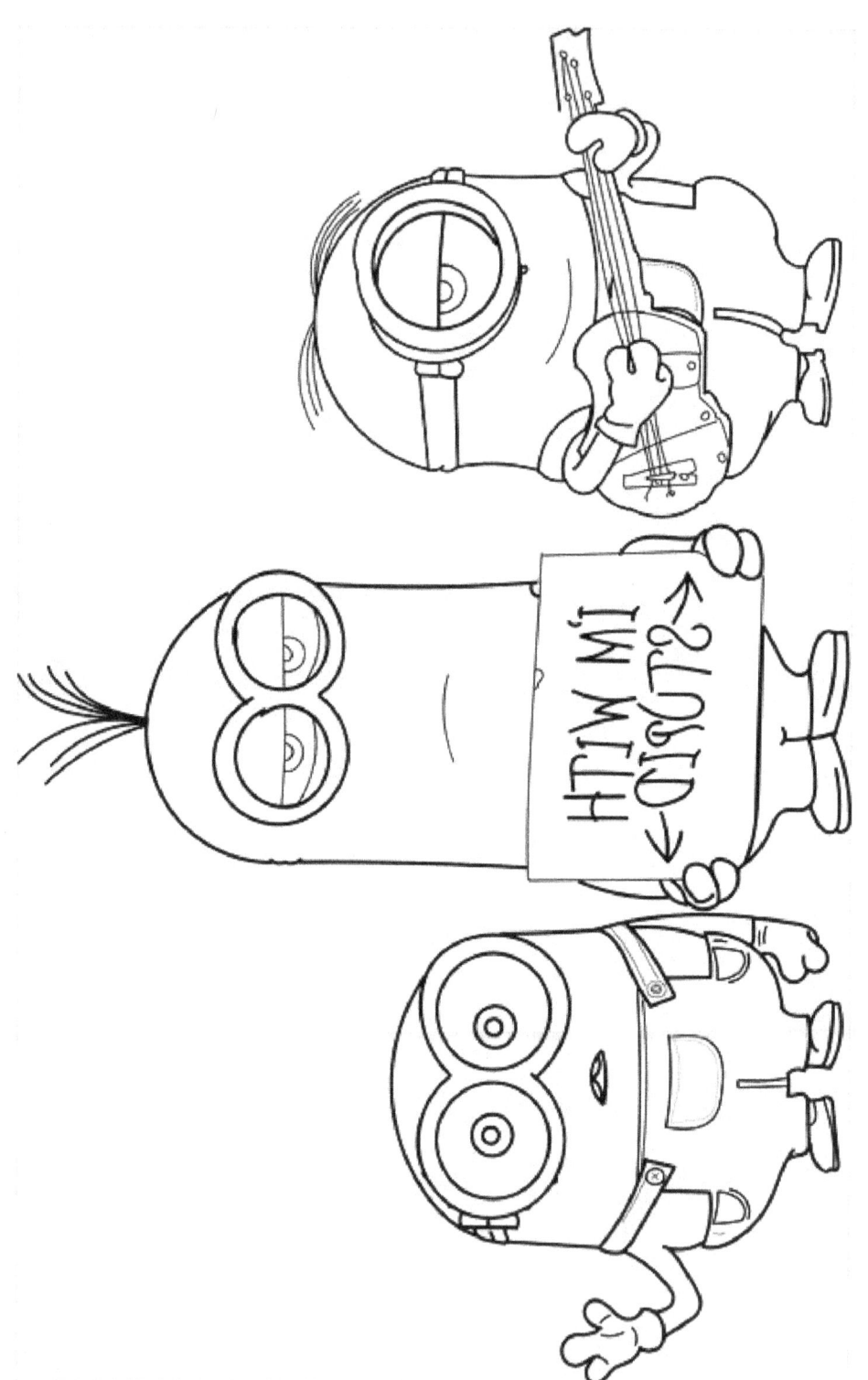

here

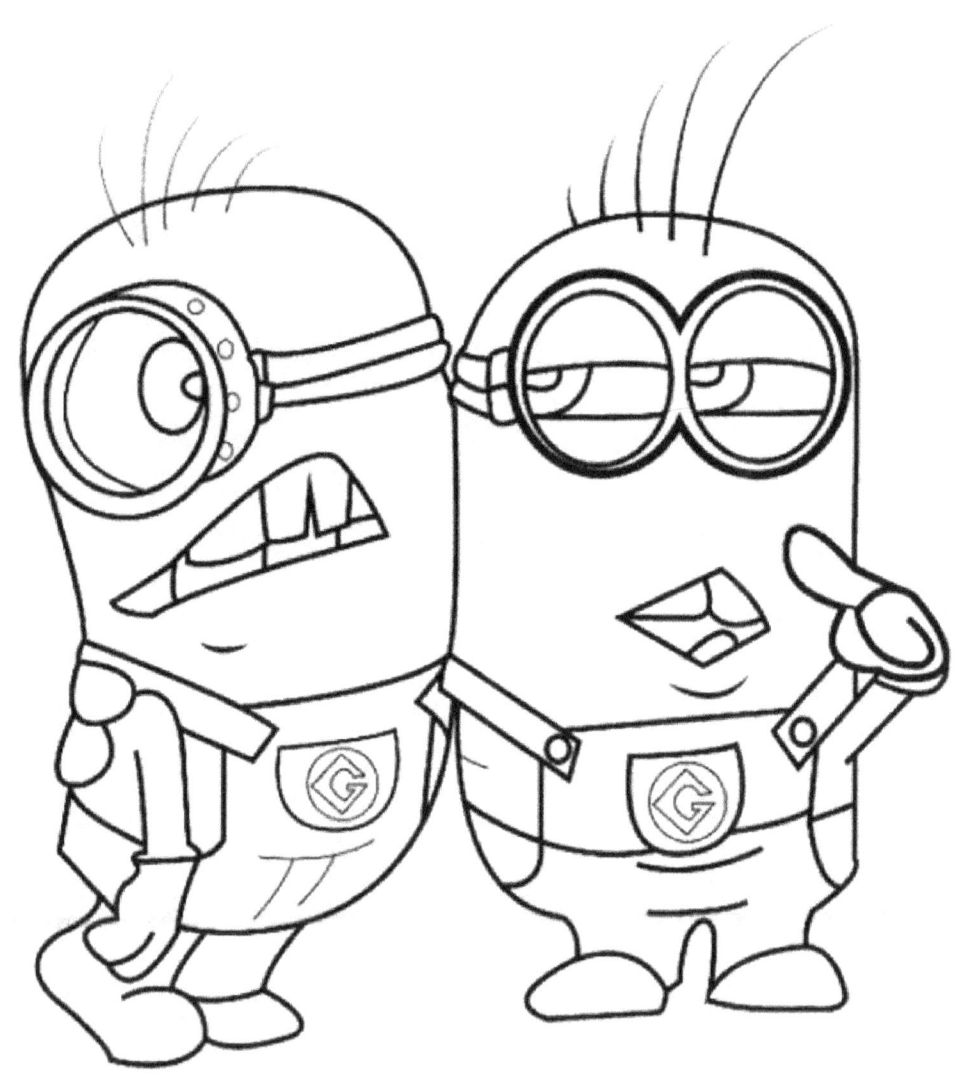

here

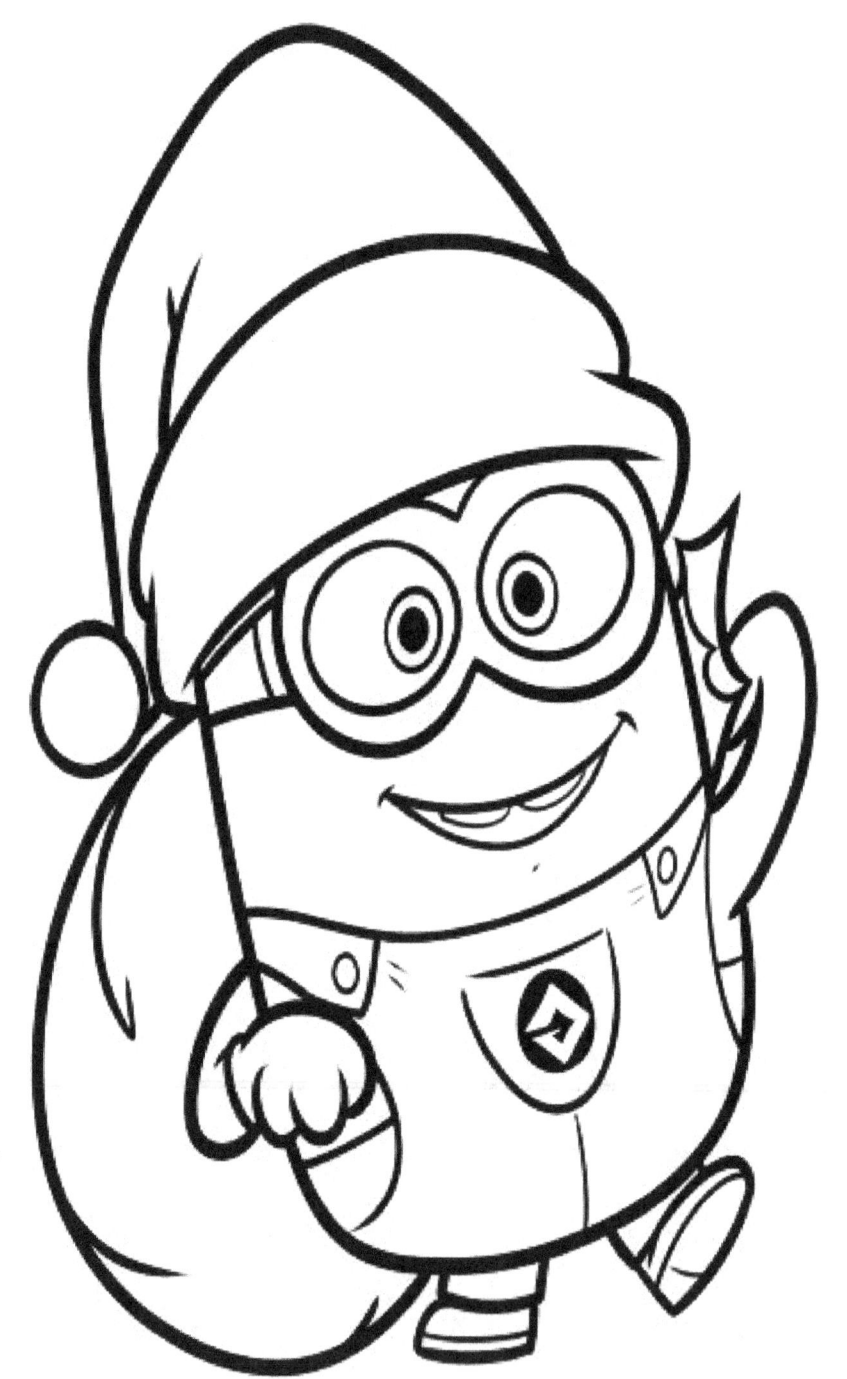

here

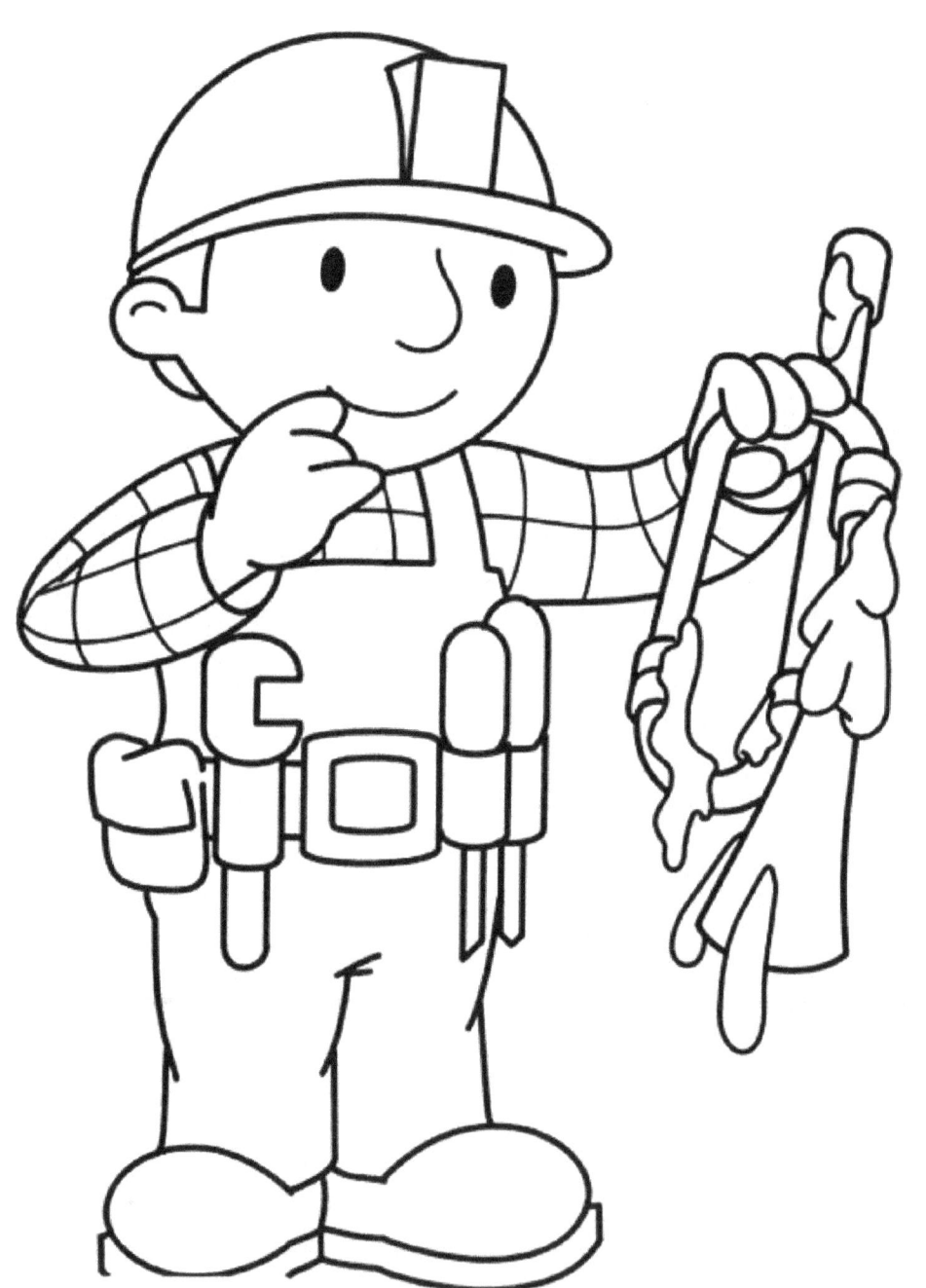

here

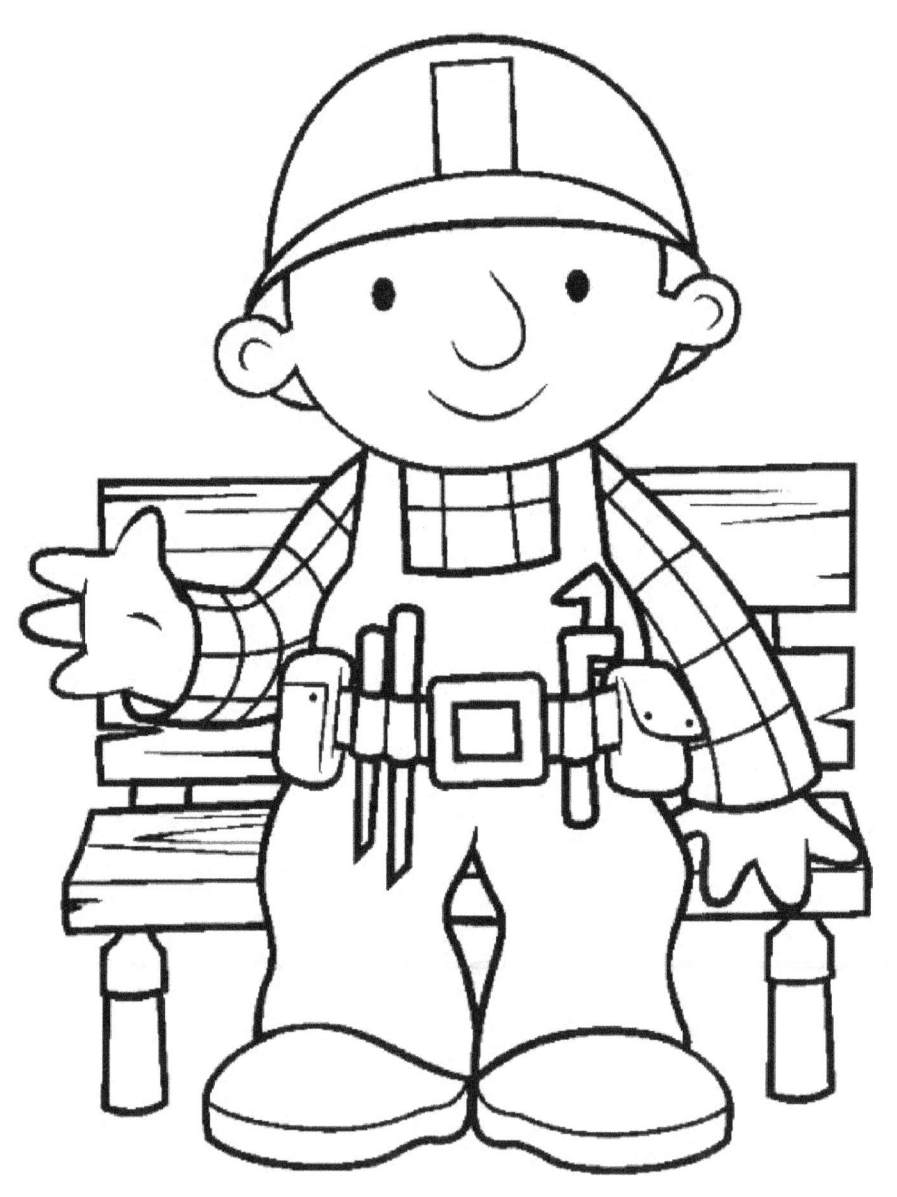

here

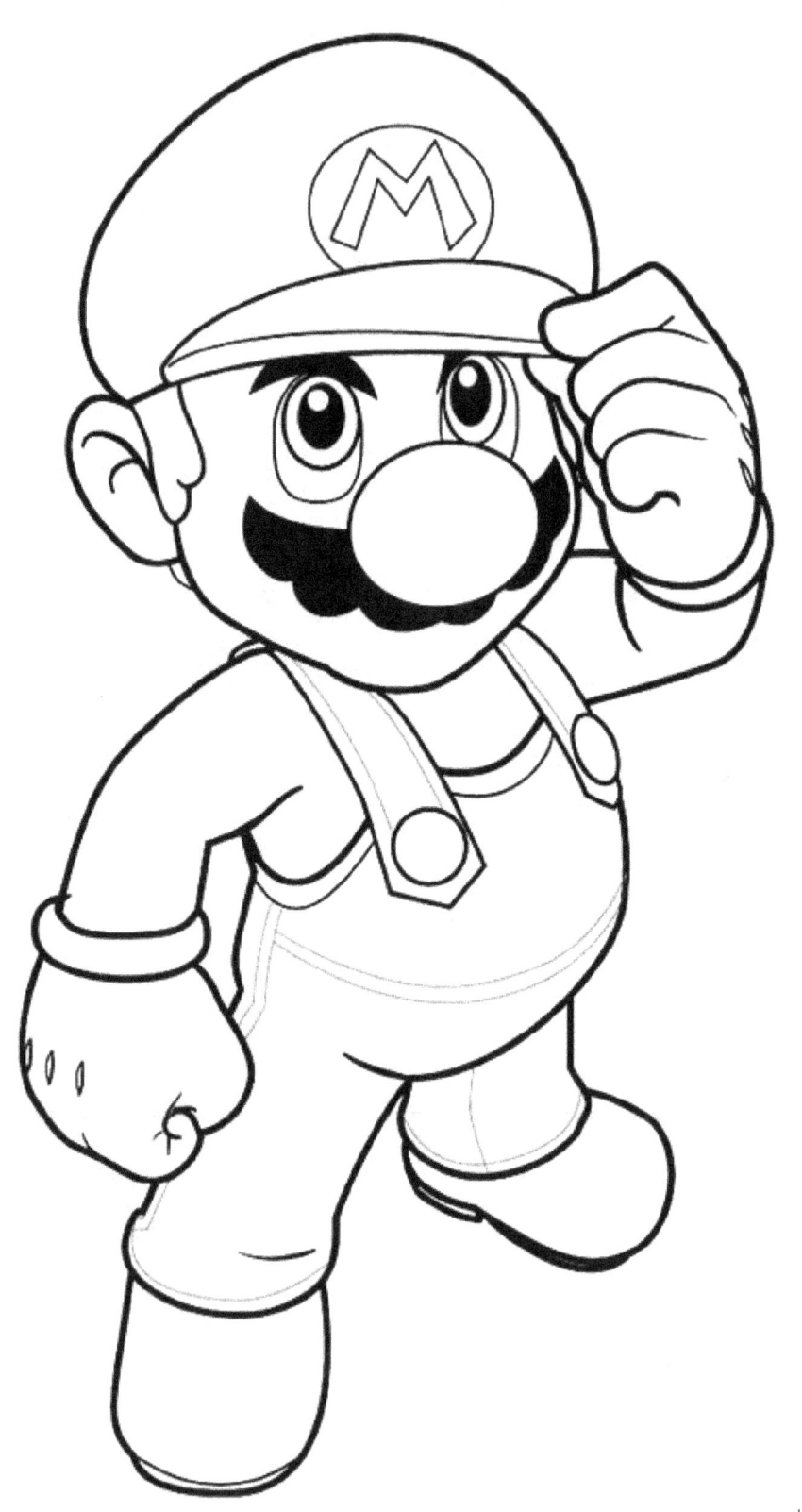

here

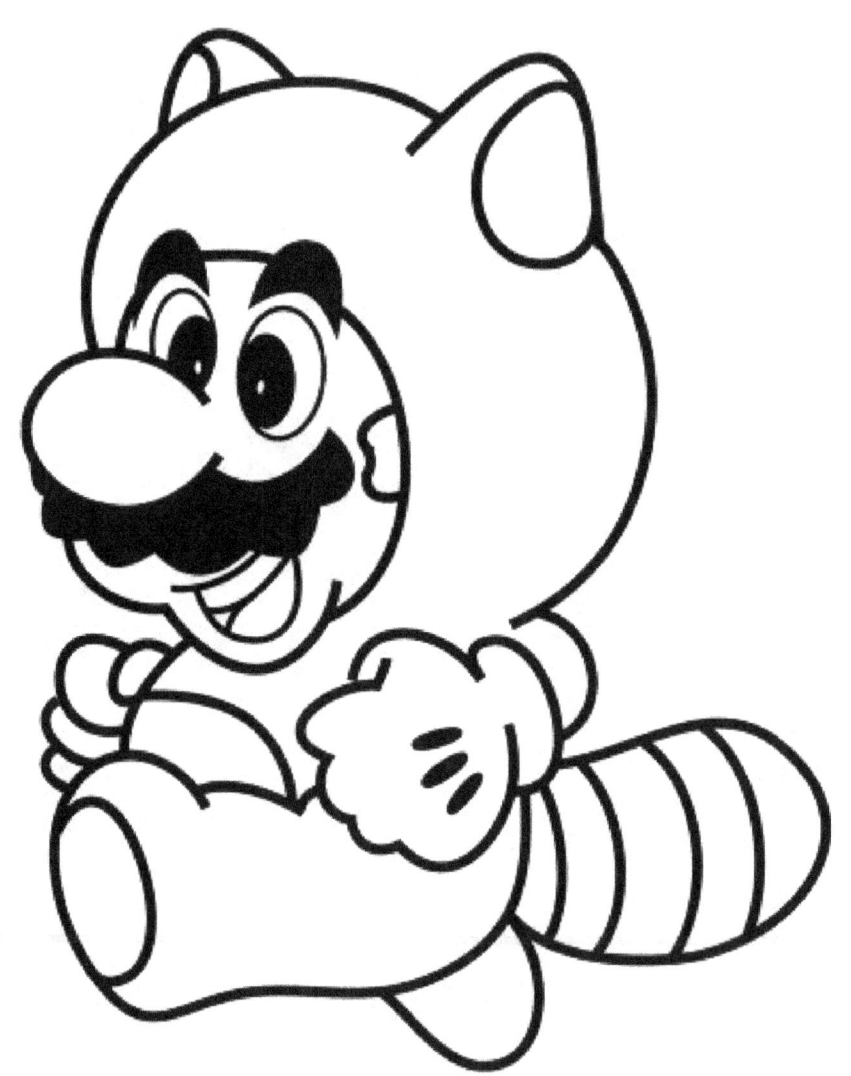

here

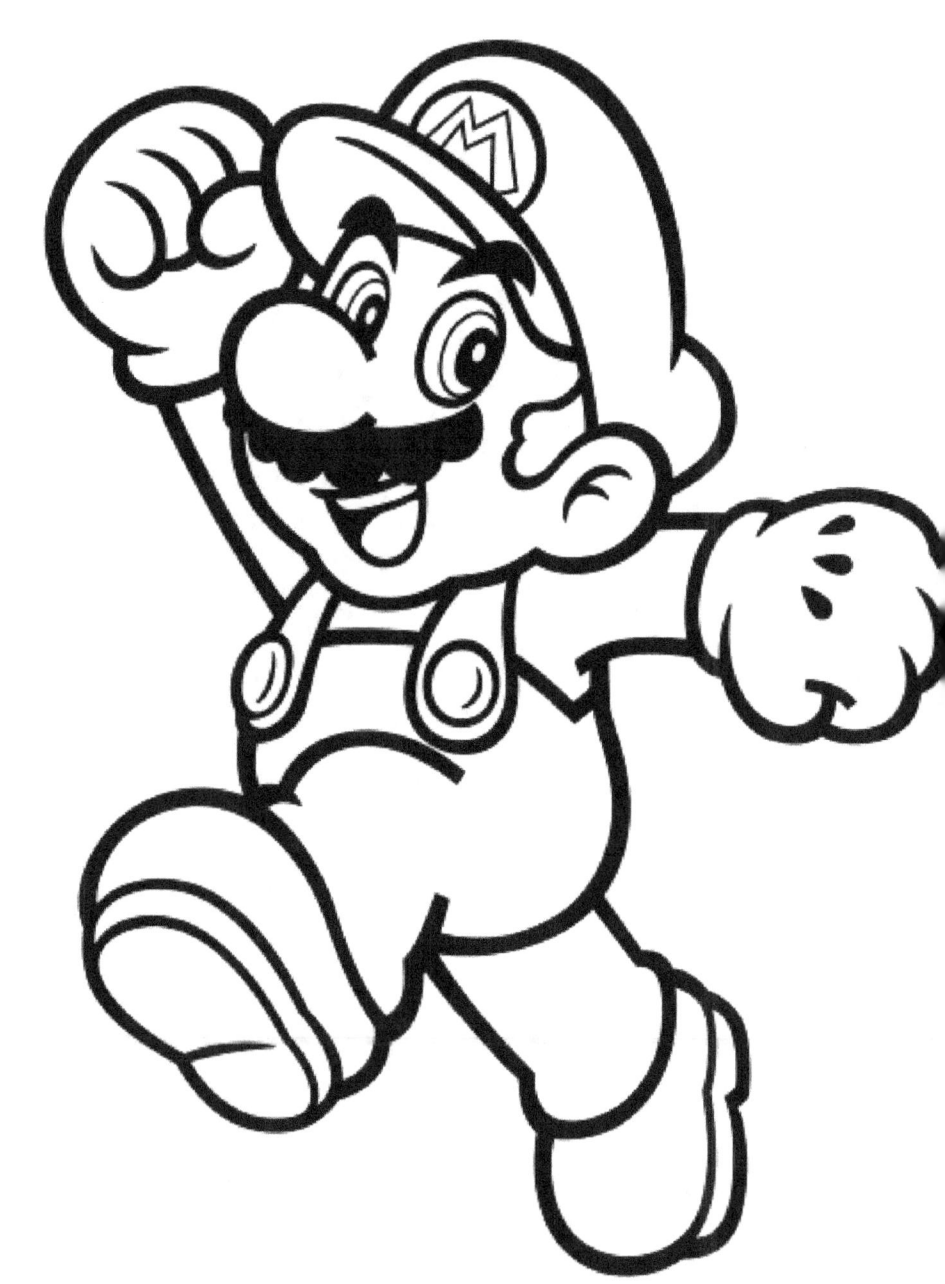

here

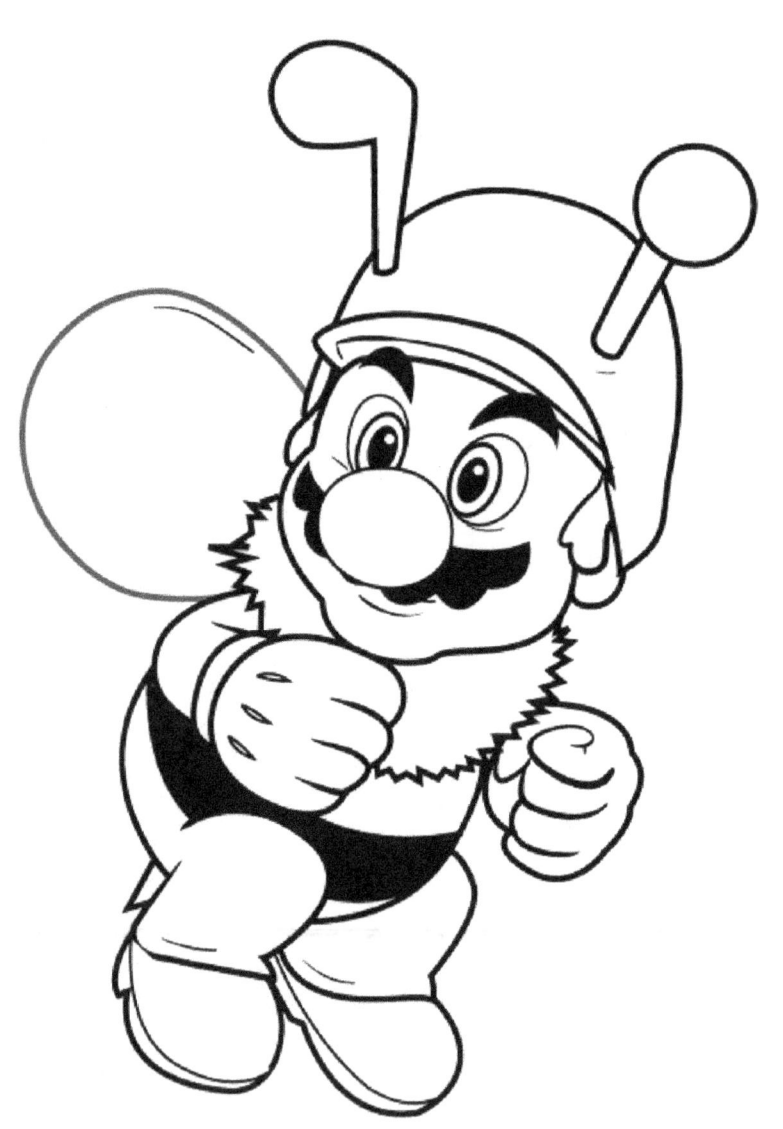

here

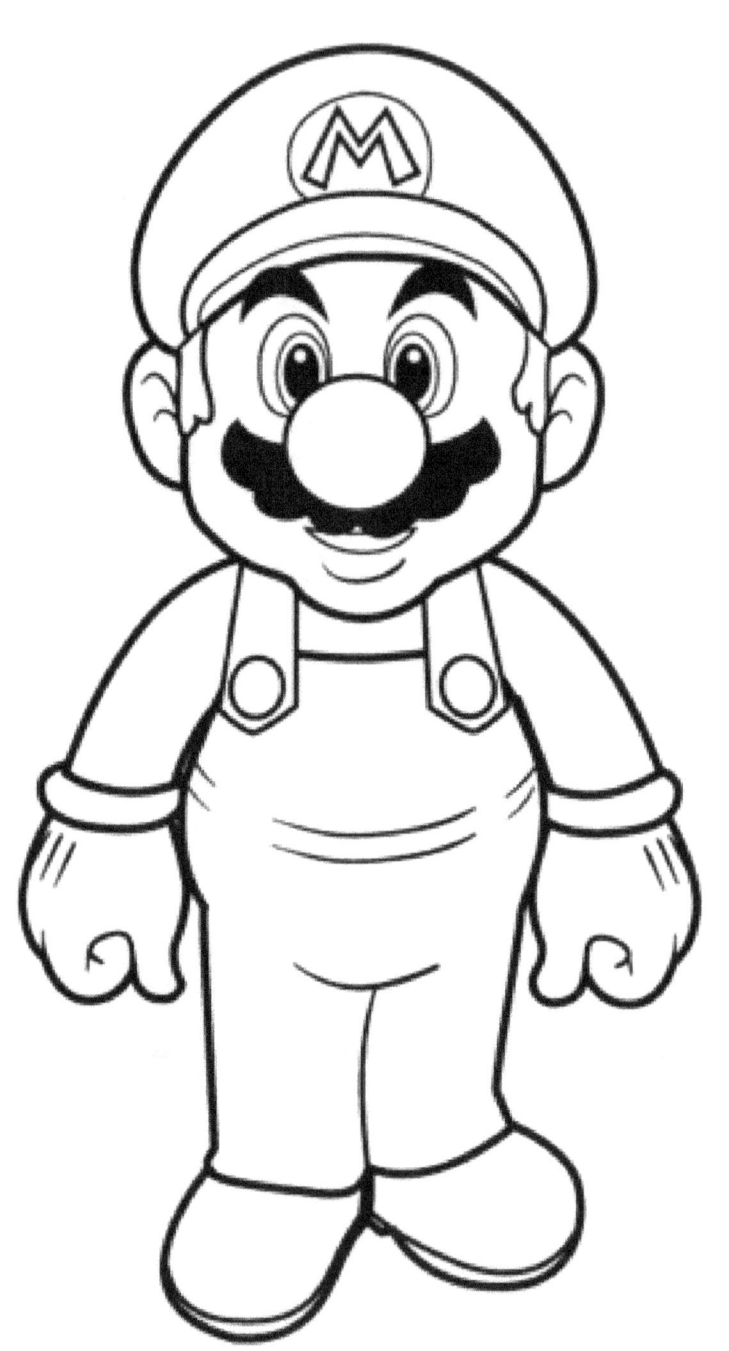

here

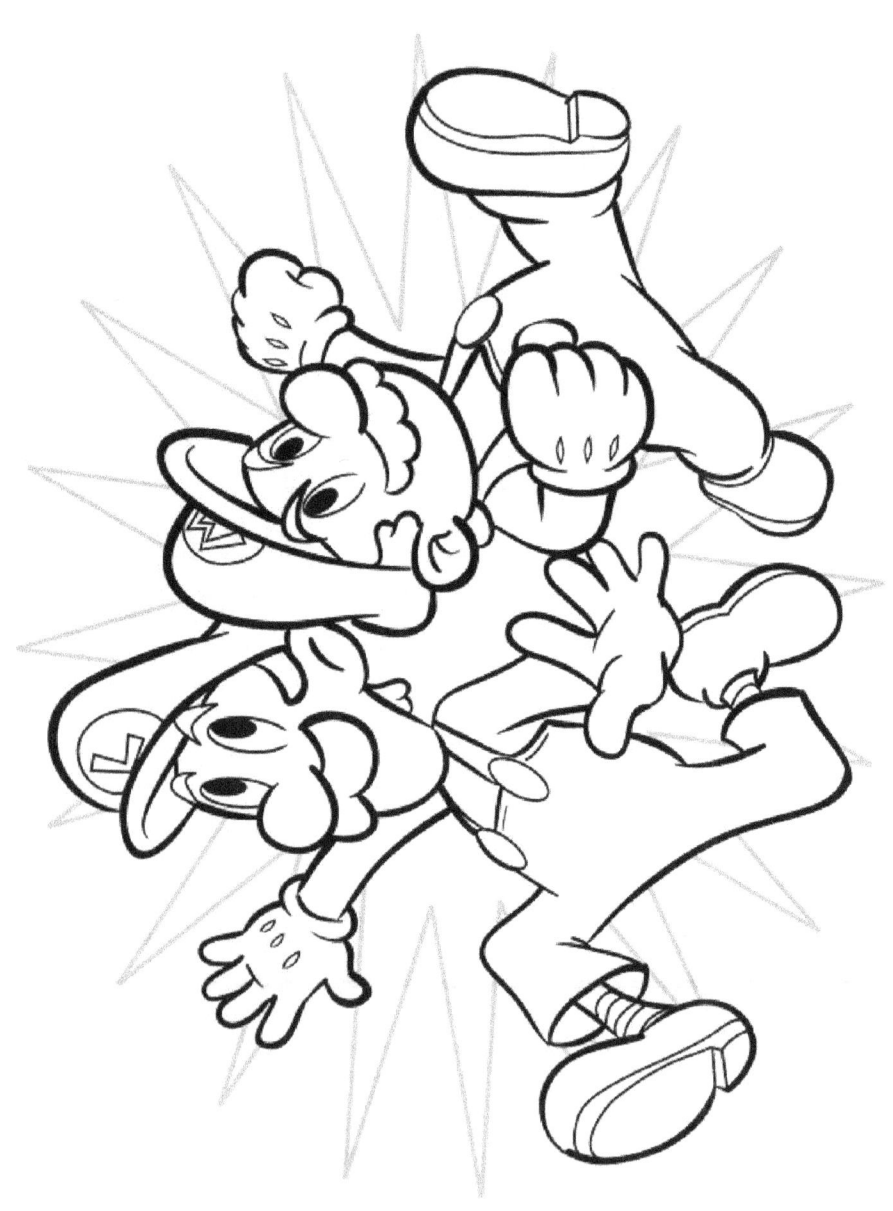

here

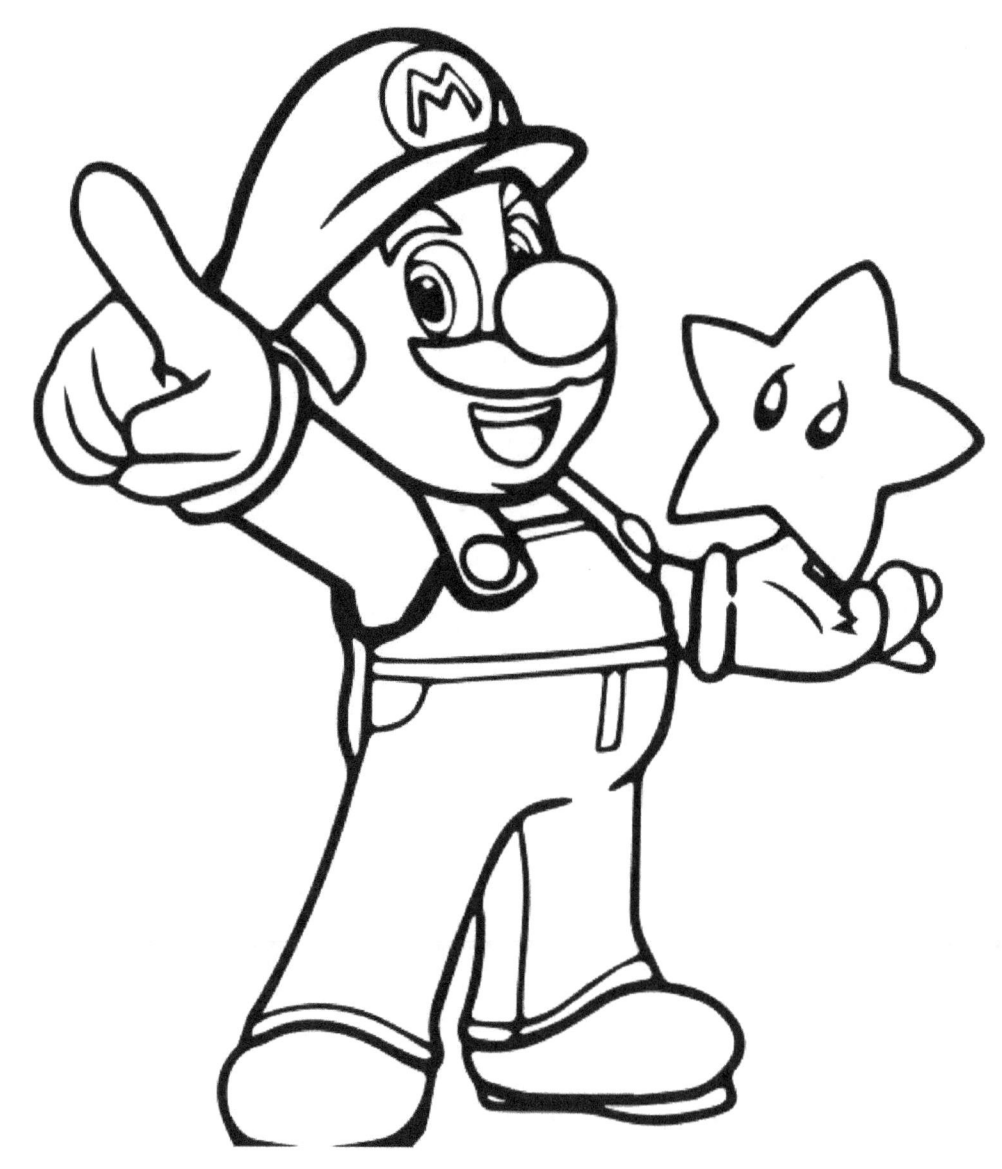

here

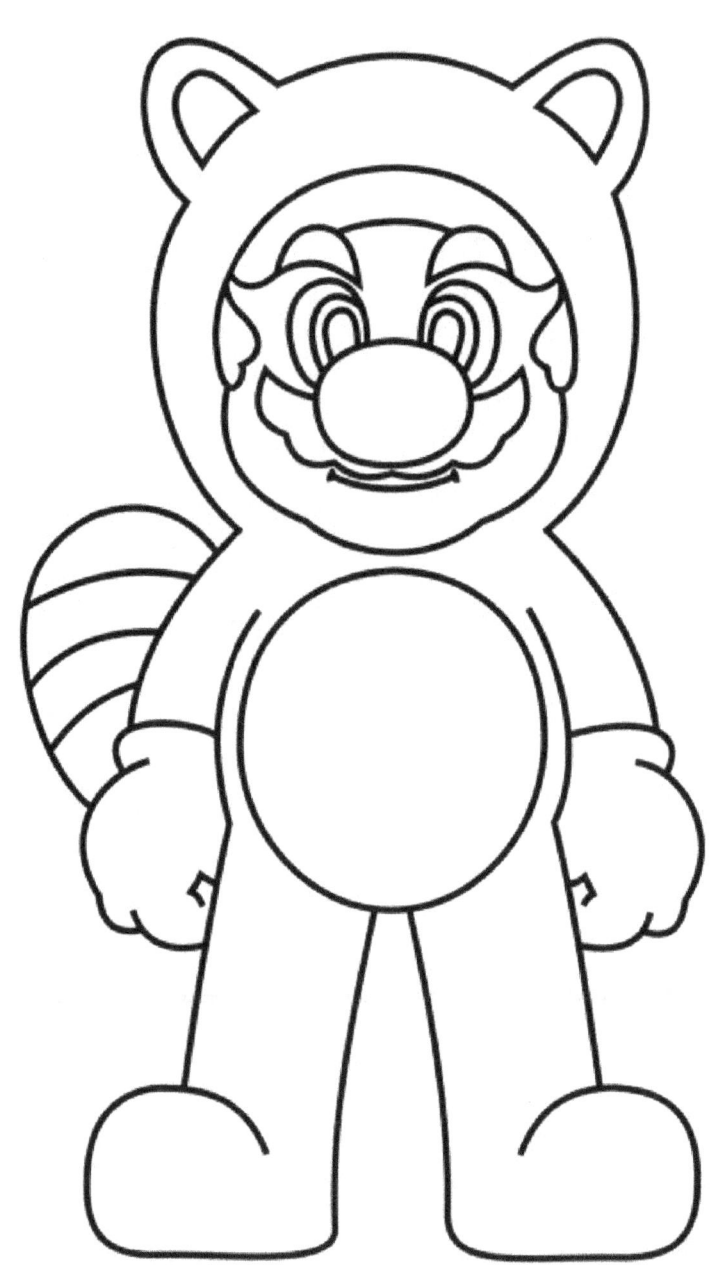

here

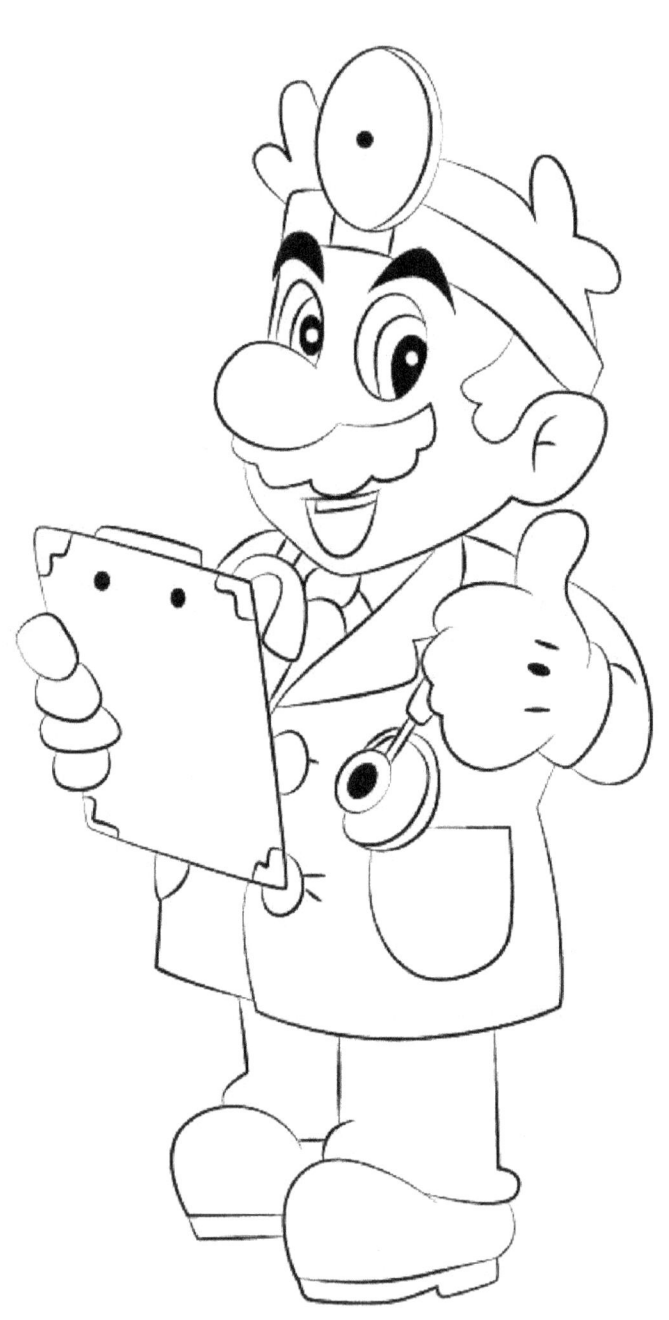

here

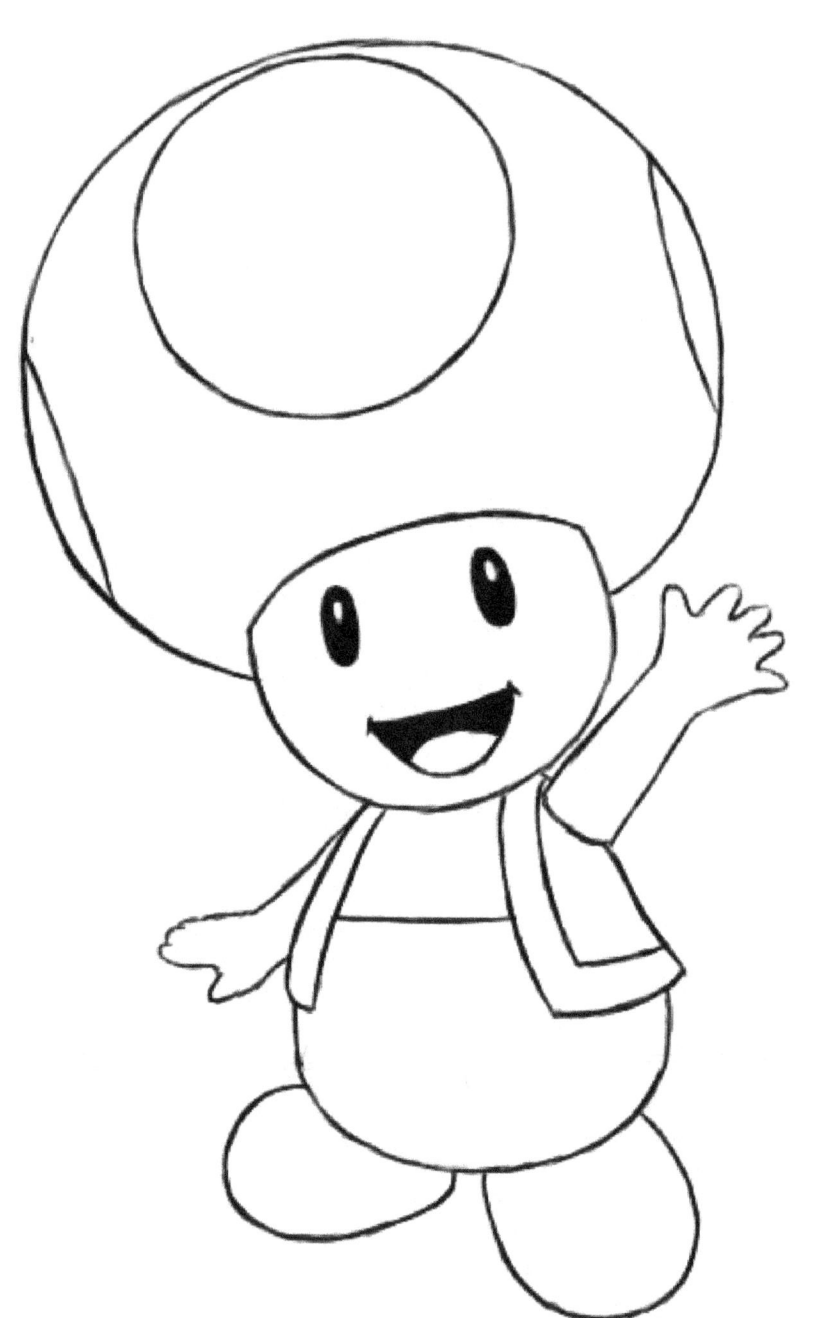

here

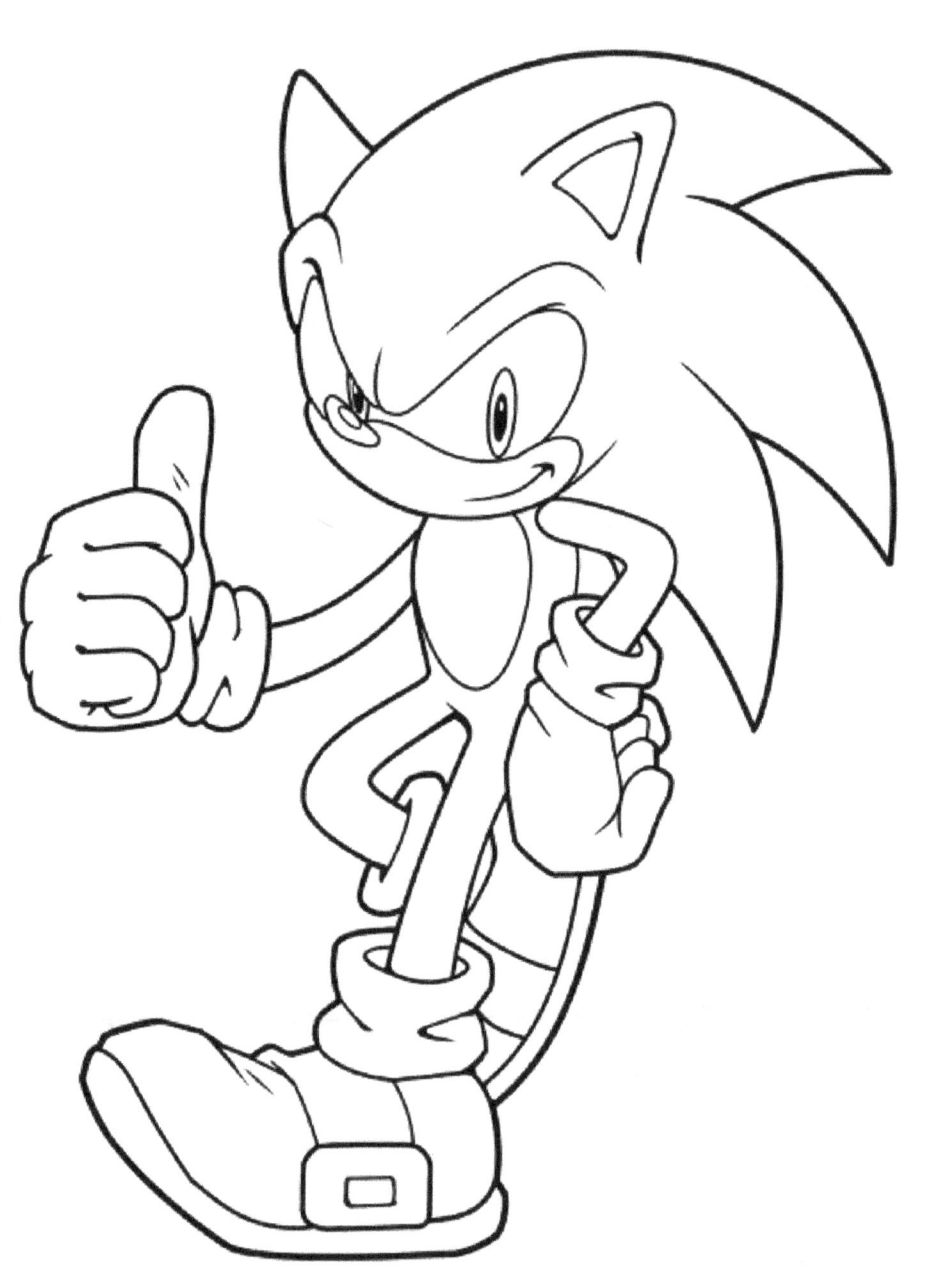

here

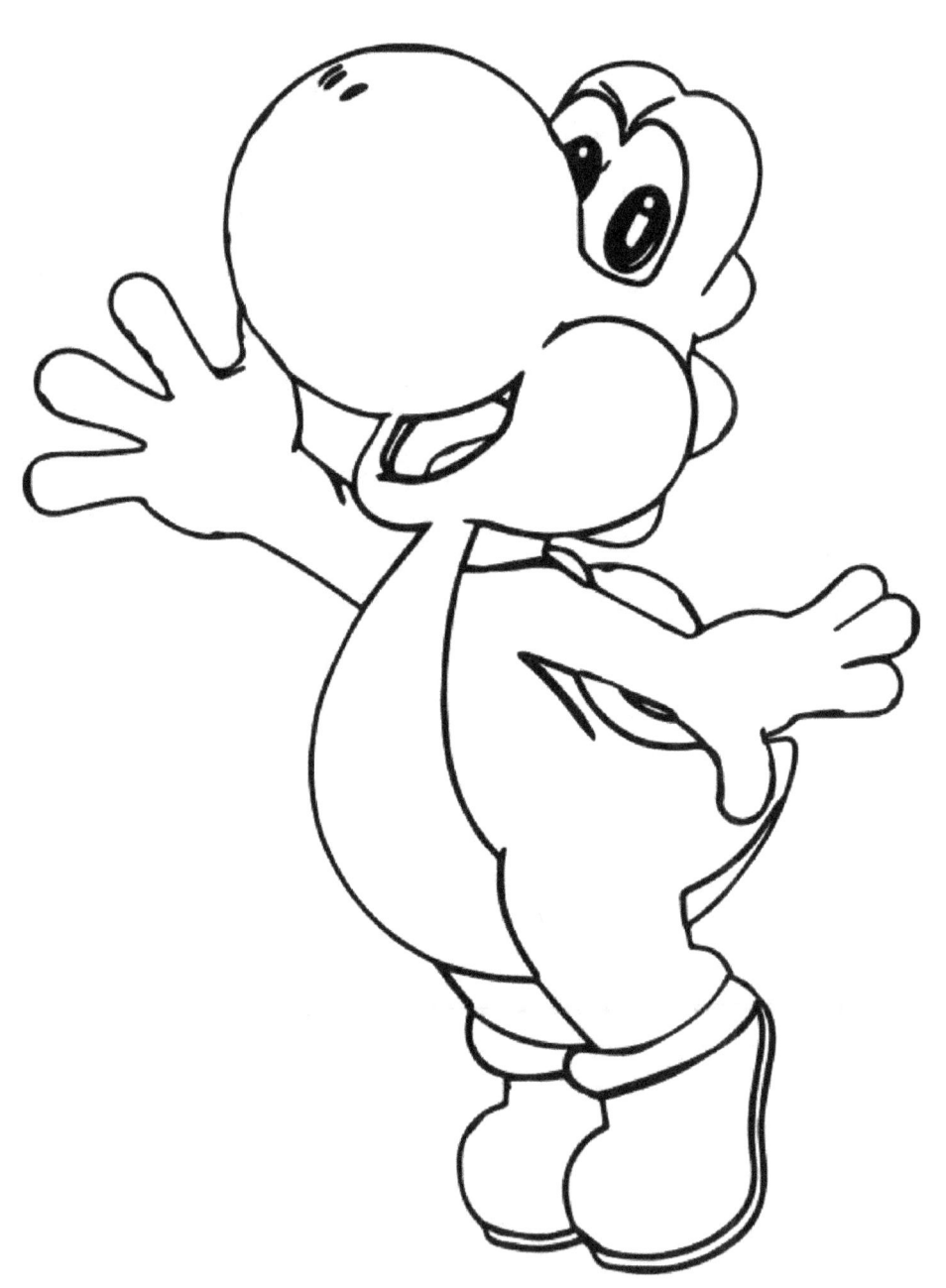

here

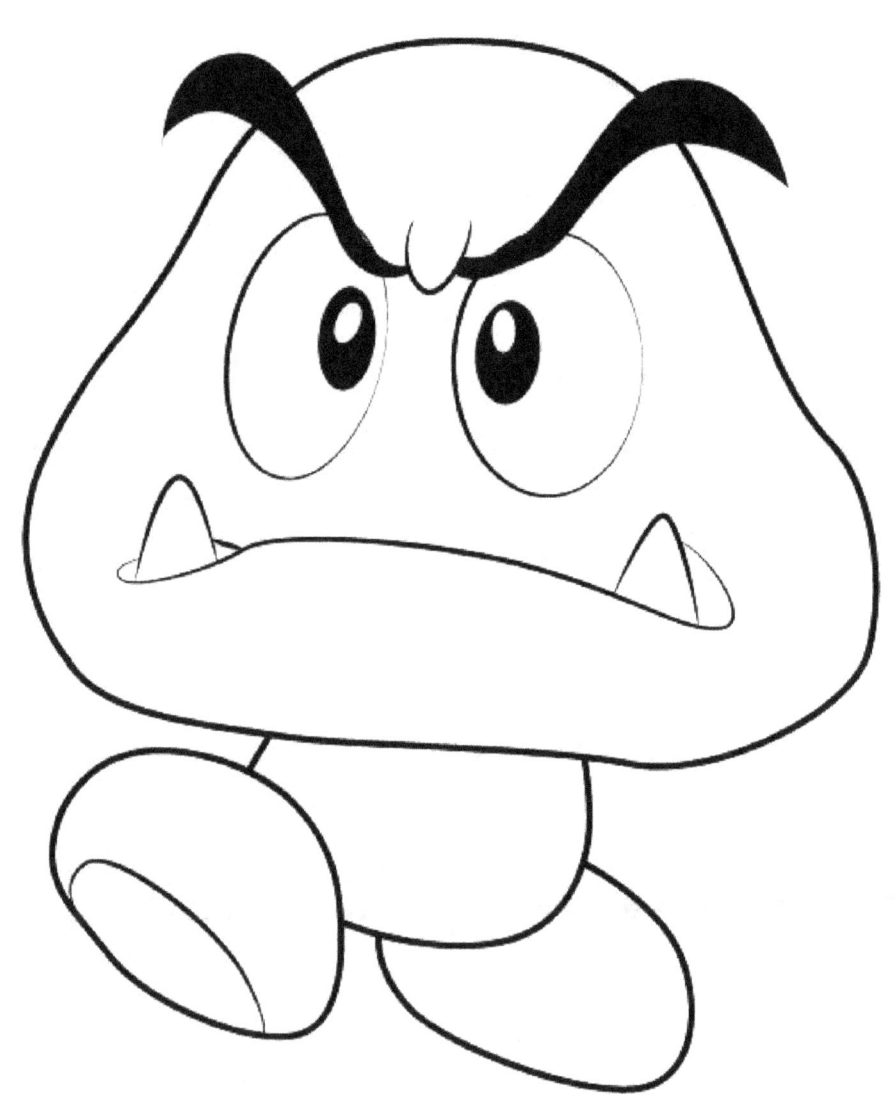

here

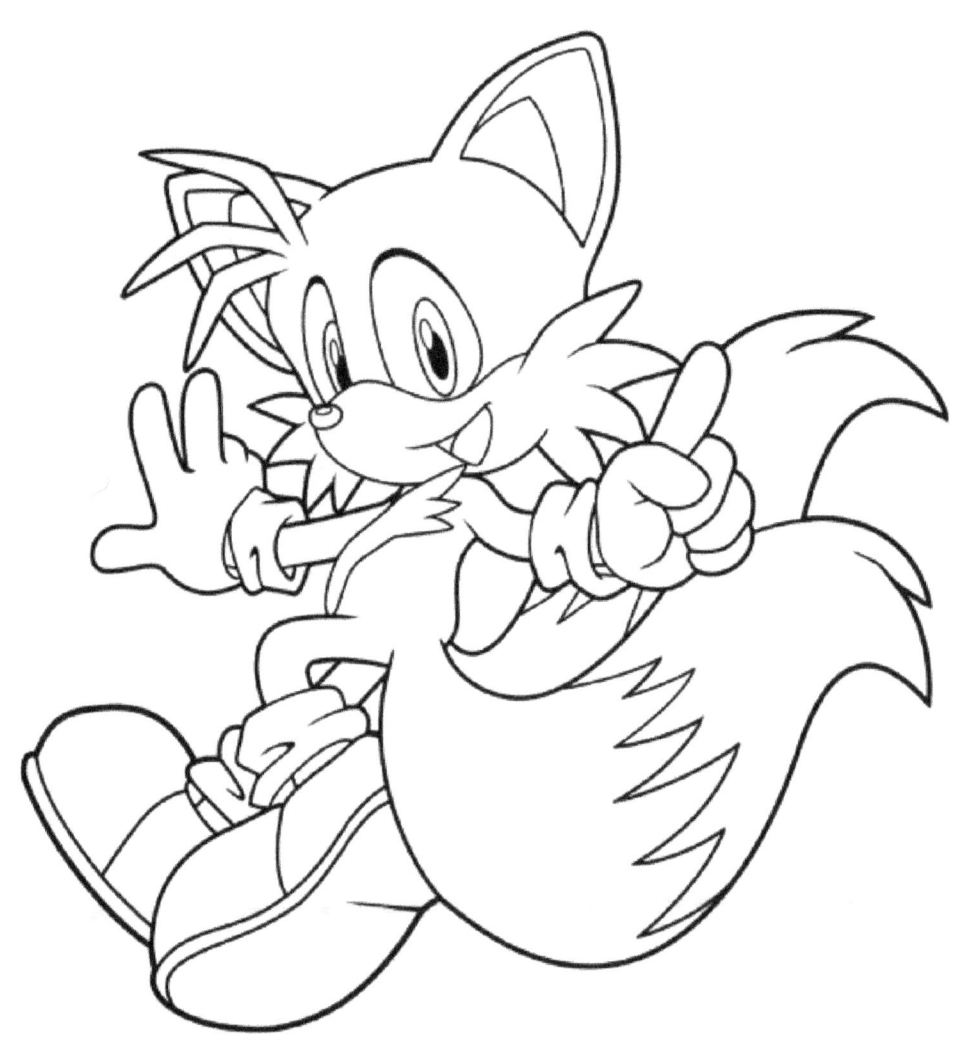

here

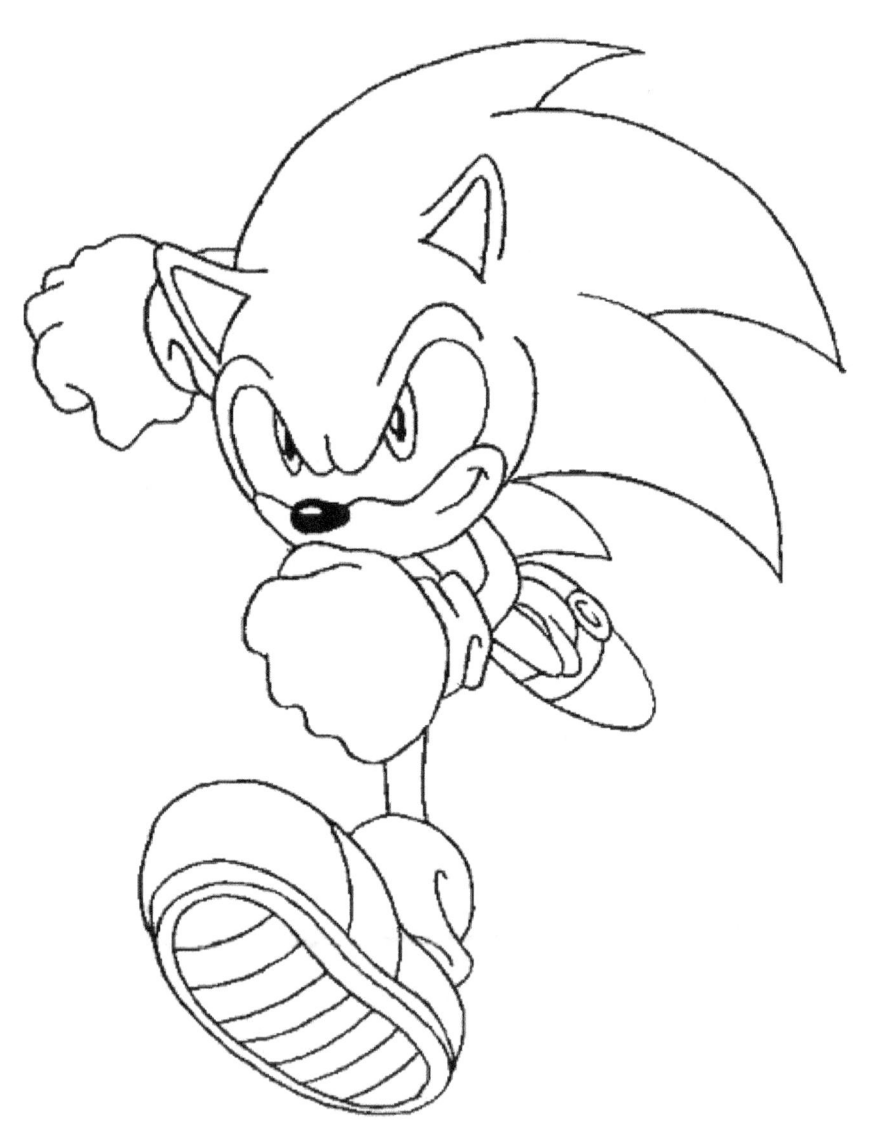

here

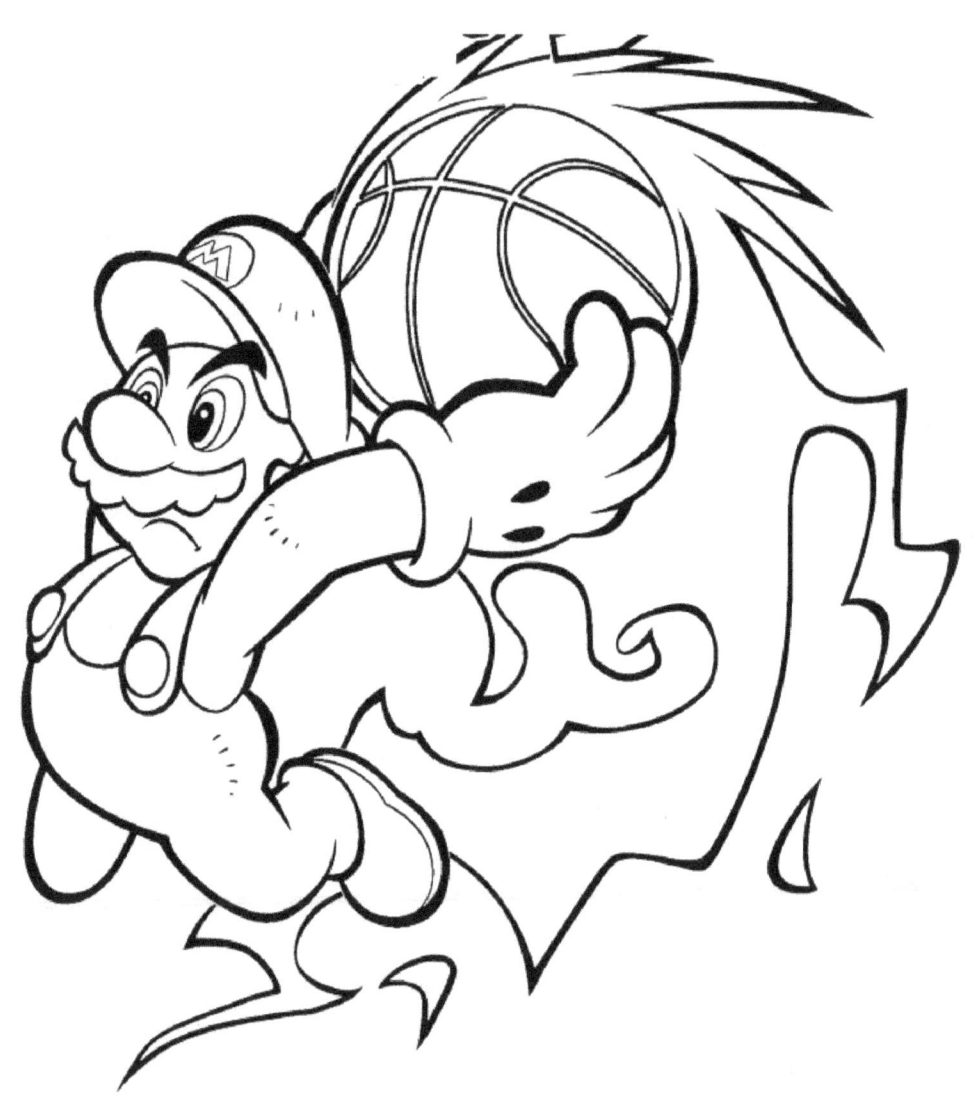

here

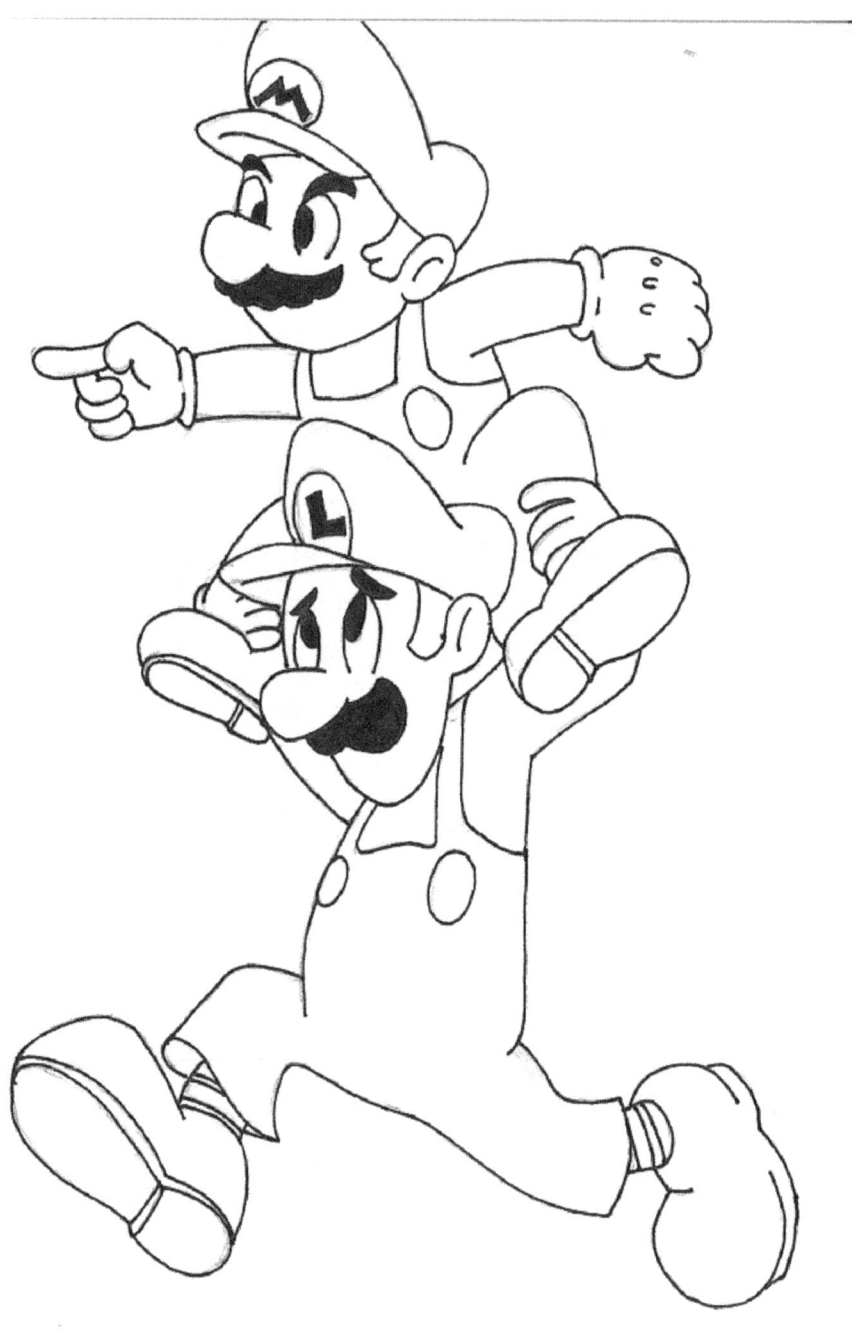

here

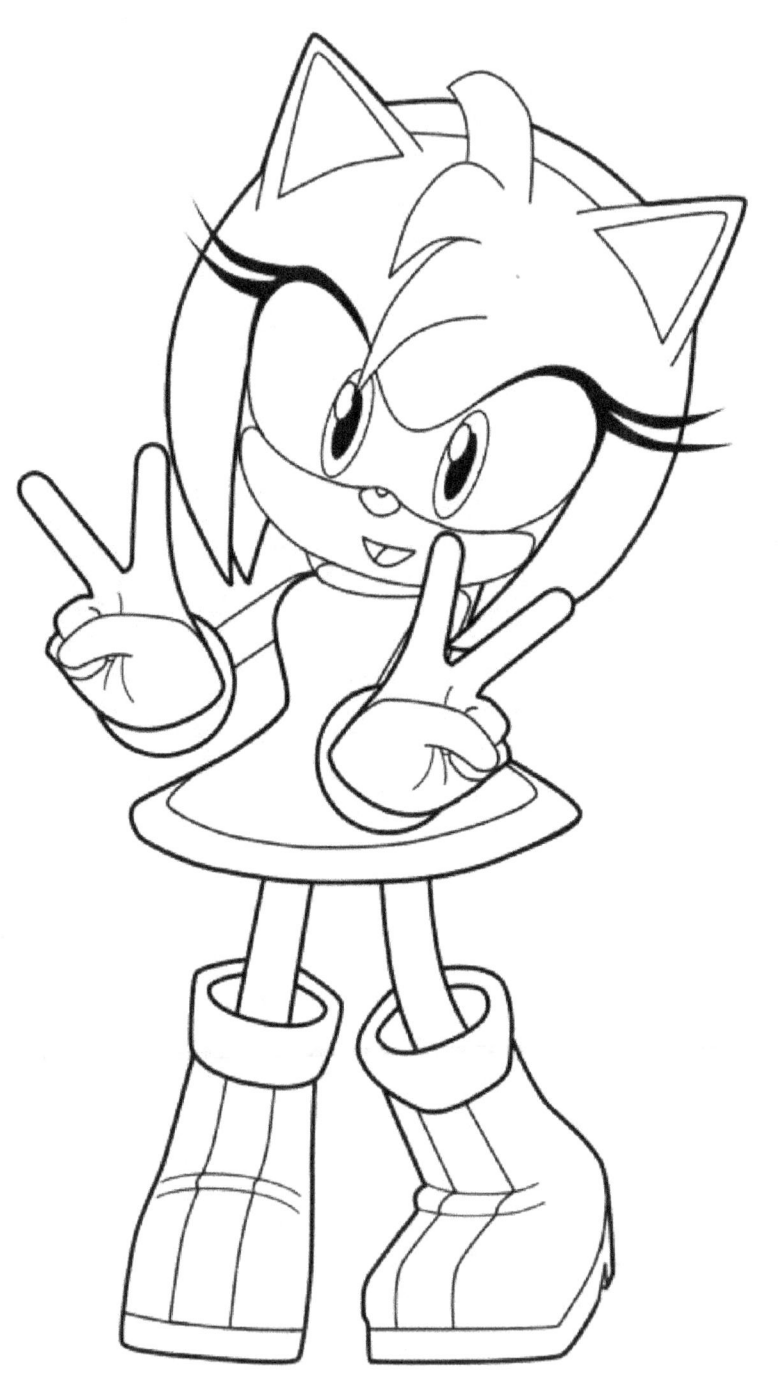

here

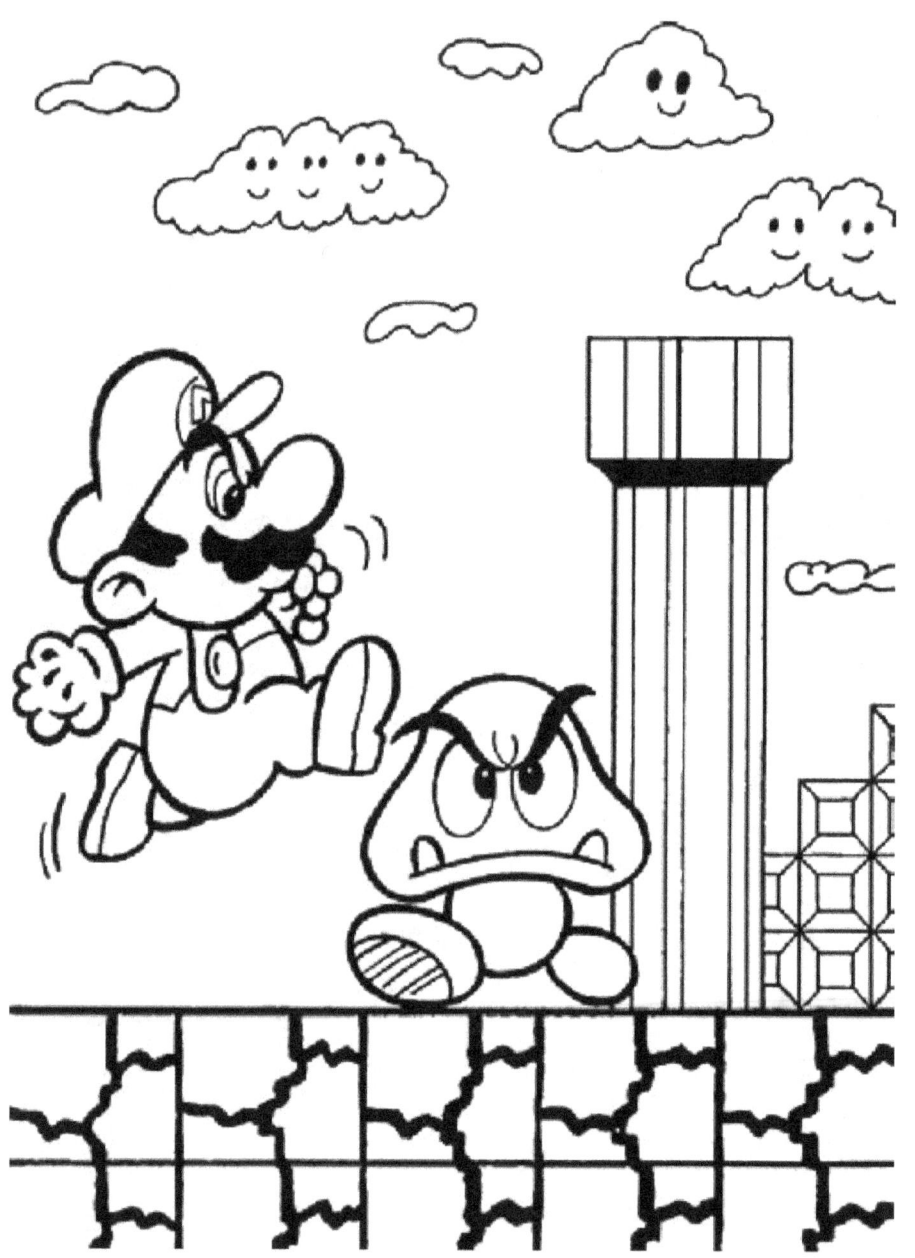

here

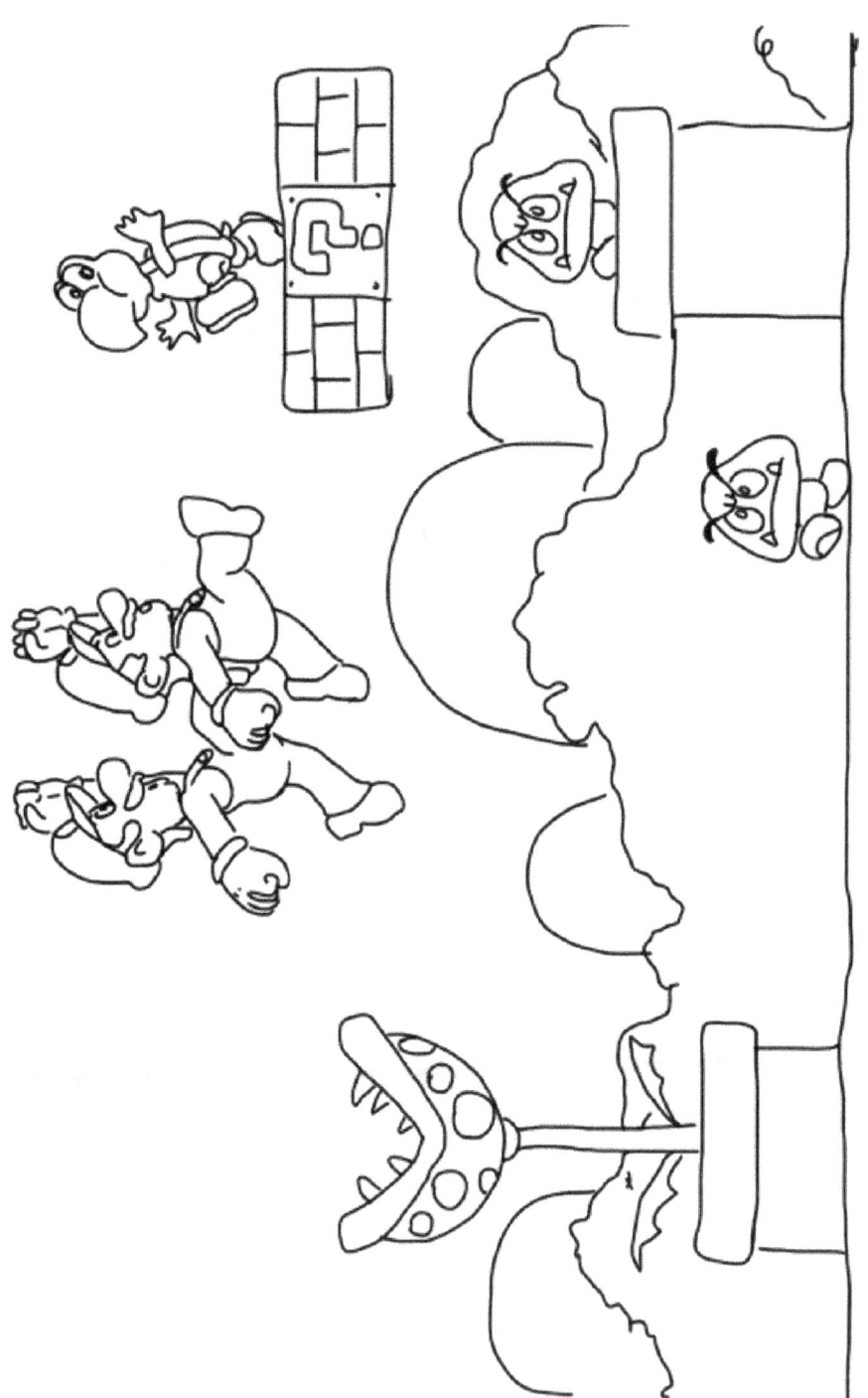

here

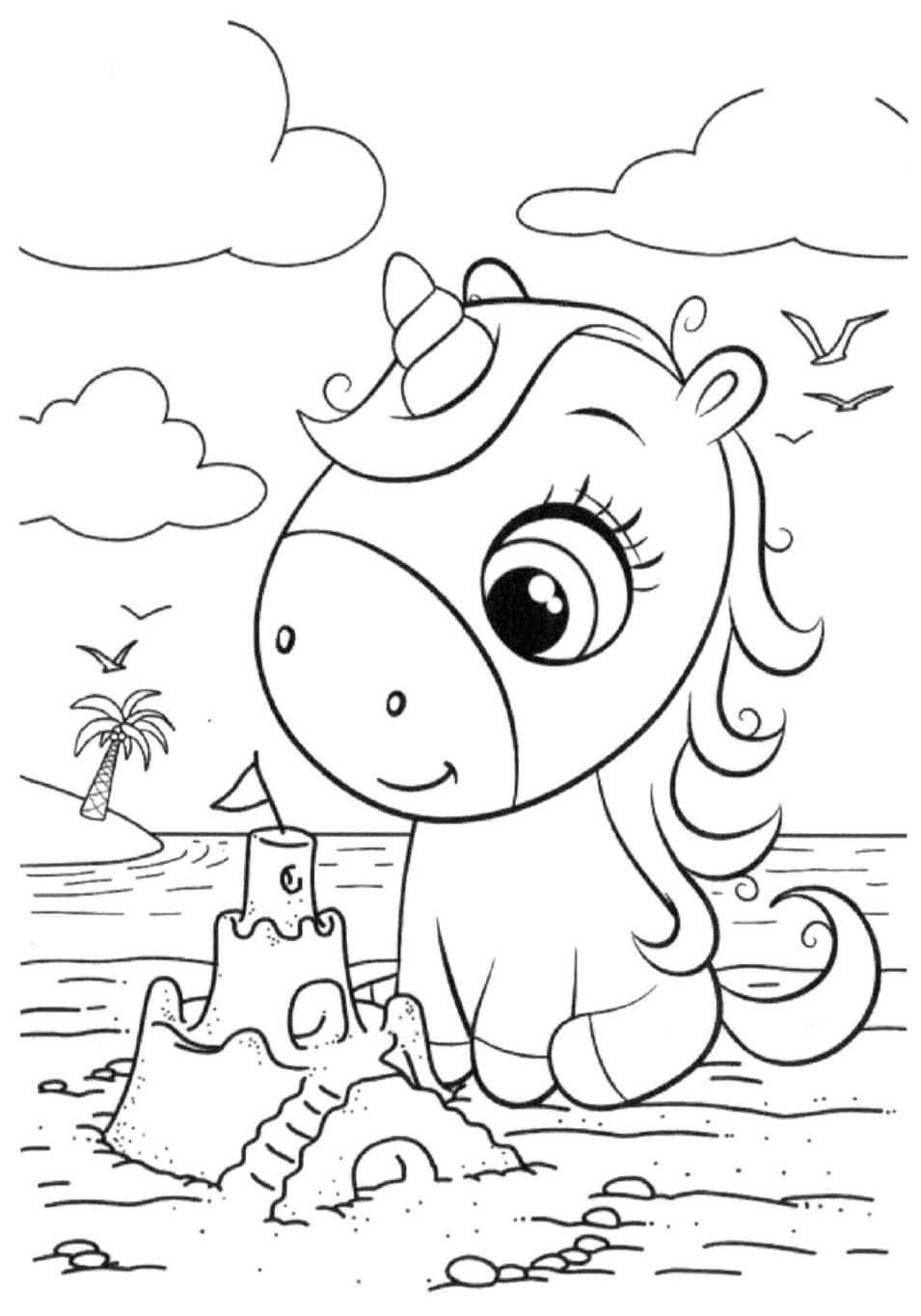

here